すごろくで学ぶ安政の大地震

石川寛 監修
平井敬 編著

風媒社

監修の言葉

石川　寛（名古屋大学大学院人文学研究科）

幕末の安政元年（１８５４）11月に、安政東海・南海地震と呼ばれる巨大な地震が日本列島を襲いました。本書で紹介する「諸国大地震大津波末代噺（まつだいばなし）」は、このときの地震被害を報じた「かわら版」でありながら、内容が「すごろく」の形態になっている珍しい一枚です。

すごろく仕立ての「諸国大地震大津波末代噺」は、地震後の各地の状況を描いた36のマスで構成されています。本書では振り出しの大坂から順にすべてのマスを解読していきます。

解読については、本書の執筆者である平井敬さんが主宰する古文書勉強会の成果になります。この勉強会は、かねてより歴史地震研究に取り組んでいた名古屋大学減災連携研究センターのエネルギー防災（中部電力）寄付研究部門のメンバーが中心となって２０１３年から始まりました。２０１１年の東日本大震災により歴史地震研究の重要性が再認識されたこともあって、理系でもくずし字で書かれた史料を解読できるようになることを目指し、古文書の輪読をおこなっています。勉強会の設立には私も一枚噛んでいましたので、講師役のようなことを務めています。これまで入れ代わり立ち代わり50名以上の参加者がありました。その中で平井さんは当初から毎回参加し、いまや免許皆伝の腕前となって、現在では勉強会を主宰する立場です。

勉強会では、はじめは名古屋大学が所蔵する古文書から地震や噴火に関する史料を選び出しては解読していましたが、2018年に減災連携研究センターが防災専門図書館と連携協力協定を締結してからは、同館が所蔵する災害かわら版の解読にも取り組んできました。「諸国大地震大津波末代噺」もその中の一枚です。

さて、「諸国大地震大津波末代噺」がすごろくであることに気がついた古文書勉強会では、単に文字を解読するだけでなく、減災連携研究センターが主催する子供向けイベントにおいて、大判印刷したものを使用して実際にすごろく遊びを体験してもらうブース展示を企画しました。すごろくを楽しみながら地震についても学べるこの催しは、子供から付き添いの大人まで好評を博し、毎回多くの方々に参加いただいておりますが、その中から解説書を希望する声が多く寄せられました。こうした声に応えるべく誕生したのが本書になります。

本書は、「諸国大地震大津波末代噺」の36マスを一つずつ取り上げて、そこに描写された内容を紹介する「本編」と、もっと詳しく知りたい人のための「解説」からなります。執筆者である平井さんは地震学を専門とする理系の研究者だけあって、地震や津波に関する地球科学的な知識を随所に盛り込み、総合的な理解につながるような工夫がなされています。また、江戸時代のかわら版やすごろくについての理解を深めるため、古文書勉強会のメンバーでもあり、江戸時代中期の説話文学を専門としている末松憲子さんがコラムと解説の一部を執筆しました。

巻末には、原寸大に近い大きさで複製した「諸国大地震大津波末代噺」を付録として付けました。ぜひ、本書を手に取りながら、すごろくを体験してみてください。

発刊に寄せて

矢野陽子（防災専門図書館）

本書で紹介されている「諸国大地震大津波末代噺」等、かわら版の多くは、防災専門図書館の所蔵資料です。

防災専門図書館は、昭和31年7月に開設した防災・災害に特化して資料収集・公開する専門図書館です。東京都千代田区にある当館は、公益社団法人全国市有物件災害共済会によって運営されており、貸出に制限はありますが、誰でも利用できる公開型図書館です。

当館の特徴は、「災害」を「人に災いを及ぼすもの」と広く捉えており、地震・水害といった自然災害の資料だけでなく、公害・戦災といった人為災害の資料も広く収集していることです。当館の案内パンフレットには「防災・災害に関する唯一の専門図書館です！」と謳っています。さらに、関東圏だけでなく日本全国の災害資料を収集対象としているのも特徴と言えます。

このようにして収集した蔵書は約16万冊あり、その中に地震・火災・風水害のかわら版が90点あります。もっとも点数が多いのは地震関連で、安政江戸地震、安政東海・安政南海地震等や、それに伴う火災のかわら版があります。また風水害では、江戸を襲った安政の台風や、明治元年の大阪での洪水を題材にしたものがあります。火災では、被害状況を比較した「大阪今昔三度の大火」や、幕末の江戸や堺・伏見での大火といったかわら版もあります。これらは大変貴重な資料のため、資料を保存しつつ活用することを目的に、平成21・22年度にデジタル化して当館ホームページに掲載しました。

本書で紹介されたかわら版は、このデジタルデータを当館から名古屋大学減災連携研究センターへ提供したものです。事の端緒は、平成30年2月1日にセンターと当館の間で締結した「公益社団法人全国市有物件災害共済会（防災専門図書館）と国立大学法人名古屋大学[*]減災連携研究センターとの連携協力に関する協定書」にあります。その連携協力事項の一つに「所蔵資料利用の便宜供与」があり、これに基づいてデジタルデータの提供が行われました。

センターではデータを、研究利用だけでなく、レプリカを作製して展示されたり、布地に印刷して子どもたちの防災教育に役立てたりされています。また、かわら版を読み解かれた研究成果は当館にフィードバックされており、当館では利用者への情報提供に活かしています。

そして、このたび本書のように災害研究の集大成が上梓されたことは、当館にとって望外の喜びです。本書によって、多くの方がかわら版に込められた災害の教訓を知り、防災への意識が向上されることを願ってやみません。

（＊令和2年4月から国立大学法人東海国立大学機構名古屋大学）

すごろくで学ぶ安政の大地震◉目次

凡例

●本書は、平井敬が本編を執筆し、コラム・トピック・解説を平井敬・石川寛・末松憲子が分担執筆しました。

●史料を引用する際は、原則としてその趣旨を現代語訳したうえで掲載しました。

●かわら版の文字や史料の原文を引用する際は、旧漢字や変体仮名は現在の文字にあらため、適宜句読点を補いました。

●年の表記は原則として和暦を用い、括弧書きで西暦を併記しました。ただし、一部に西暦の記載を省略したところがあります。

●月日の表記については、原則として太陽暦採用以前のものは旧暦で示し、適宜グレゴリオ暦に換算したものを併記しました。

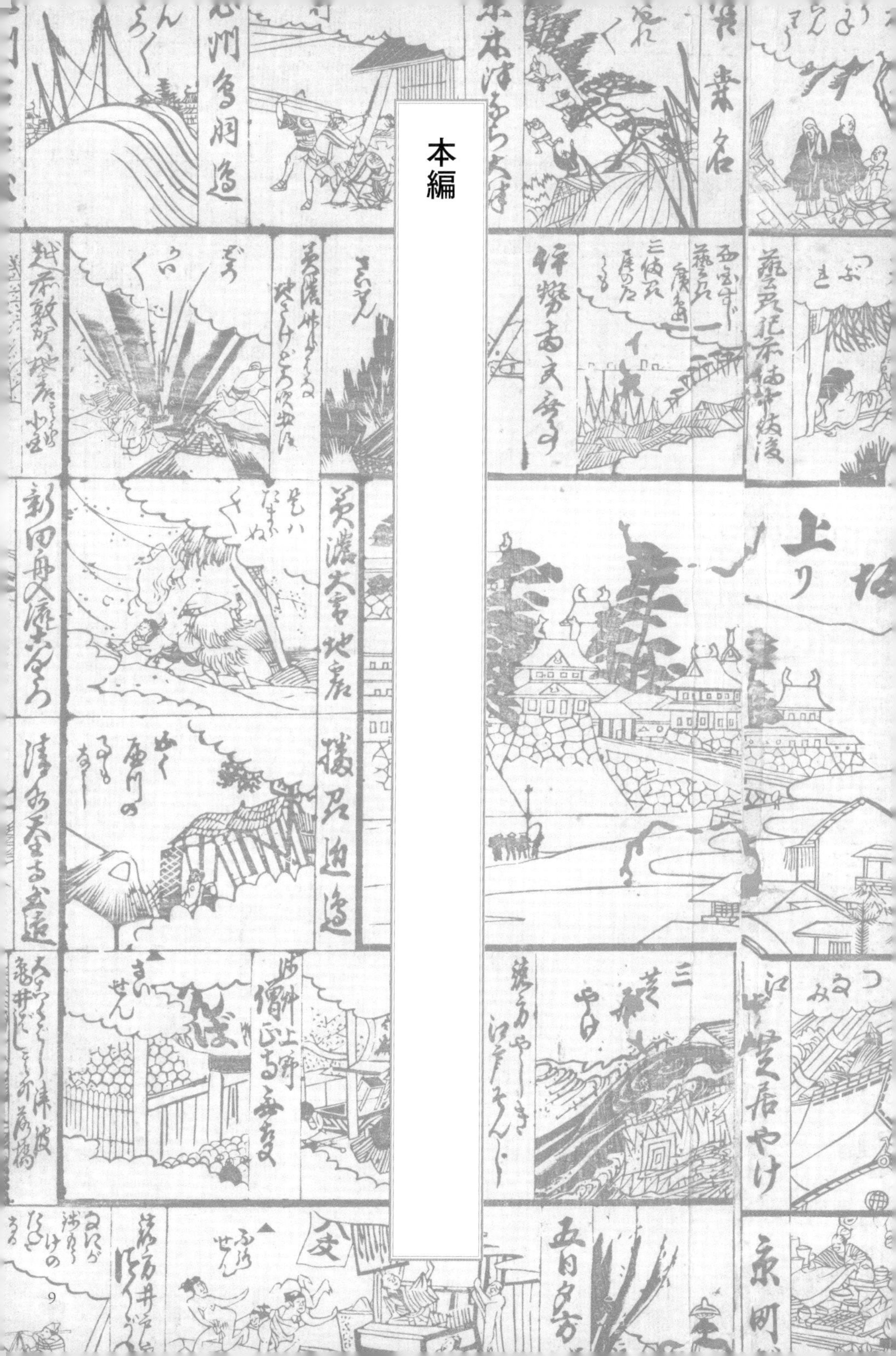

本編

かわら版すごろく「諸国大地震大津波末代噺」の概要

時は幕末、安政元年（1854）の冬、日本を揺るがす巨大地震が発生しました。11月4日（新暦換算では12月23日）の安政東海地震と、翌日の安政南海地震です。両者とも、地震の規模を表すマグニチュードは8・4と推定されています。関東から九州までの広い範囲にわたって死者数千人、家屋倒壊3万軒以上の被害をもたらしました。さらに、翌安政2年（1855）には、政治の中心地であった江戸を安政江戸地震が直撃しました。相次ぐ災害や倒幕運動に加えて外国からの開国圧力にさらされた幕府は疲弊し、やがて時代は明治維新へと向かいます。

この頃、江戸や大坂などの都市では、種々の事件を報じるかわら版が数多く発行されました。日本におけるジャーナリズムが花開いた時代でもあったのです。中でも、安政東海・南海地震や安政江戸地震は多くの人の耳目を集める大事件であったため、その様子を伝えるかわら版が現在まで多数残っています。

本書では、安政東海・南海地震による各地の被害を記したかわら版のひとつ「諸国大地震大津波末代噺」を紹介します。12ページ以降に、公益社団法人全国市有物件災害共済会防災専門図書館所蔵の原図と翻刻を掲載しています。ただし、実物は縦50×横70センチメートルの大きなものです。本書の折り込み付録に、原寸に近い大きさのものを付けてあります。

表題に「嘉永七年寅十一月四日・五日　本しらべ　諸国大地震大津波末代噺」とあることから、安政元年（1854）11月4日・5日の安政東海・南海地震を取り上げたものであることがわかります。安政元年ではなく嘉永七年と書かれているのは、地震発生当時使われていた年号が嘉永であったためです。この年の11月末に改元がおこなわれ、安政元年となりました。明治以前の改元は年初へさかのぼって適用するのが通例となっているため、現在これらの地震には安政の年号を冠して呼んでいます。

この「諸国大地震大津波末代噺」の特徴は何といってもすごろく仕立てになっていることです。全部で36マスになっており、それぞれに各地の状況が絵と簡単な文で描写されています。また、いくつかのマスには黒塗りの三角印とともに「ふろせん（風呂銭）」や「さいせん（賽銭）」などの文言があり、すごろく進行上のペナルティが課されるようになっています。現代的な感覚では、地震災害を題材にすごろくをつくることは理解しにくいものがあります。しかし、同時代のかわら版には、かるた仕立てや相撲の番付を模した形式で地震を紹介したものもあり、災害報道といえどもまじめ一辺倒ではありません。

多くのマスは地震・津波に起因する被害を示した内容ですが、中には地震とは無関係と思われる内容も含まれています。マスの配列順は、地理的に近いところを順にたどっているところもあれば、突然遠隔地へ飛ばされるところもあります。しかし、振り出し付近と上がりが大坂であり、途中の描写も大坂近辺に関するものが比較的多いため、大坂で出版されたものであると考えられます。それぞれの項目であらためて説明しますが、「世直り」（または世直し）や「目出度い」などの文言があることも大坂のかわら版によくみられる特徴です。安政2年（1855）の安政江戸地震以降に出回った鯰絵にもよく「世直し」という言葉が現れます。これは、もとは上方（京都・大坂）周辺で地震のときに唱える呪文でした。関東地域では「万歳楽」と唱えたといいます。また、表題にある「末代噺」という言葉も、上方で出版されたかわら版によくみられます。「末代噺の種」という形で書かれていることもありますが、末代まで話の種として語り継いでもらいたいというような意味です。

基本的に無許可出版物であるかわら版の常として、出版時期は明確ではありません。しかし、時事的な内容を扱うかわら版の性質上、地震発生からさほど月日を経ずして出版されたと考えられ、防災専門図書館では「諸国大地震大津波末代噺」の出版時期を安政元年中と推定しています。

それでは、これから、幕末の日本を襲った巨大地震直後の各地の様子について順に見ていきましょう。項目によっては、地震による被害だけでなく、地域の成り立ちや地理的・文化的魅力を紹介しているところもあります。ぜひ、付録のすごろく「諸国大地震大津波末代噺」を手に取り、当時の情景を想像しながら読み進めてみてください。

すごろく遊びの様子（平成30年8月4日） 名古屋大学減災連携研究センターの夏休みスペシャル減災教室

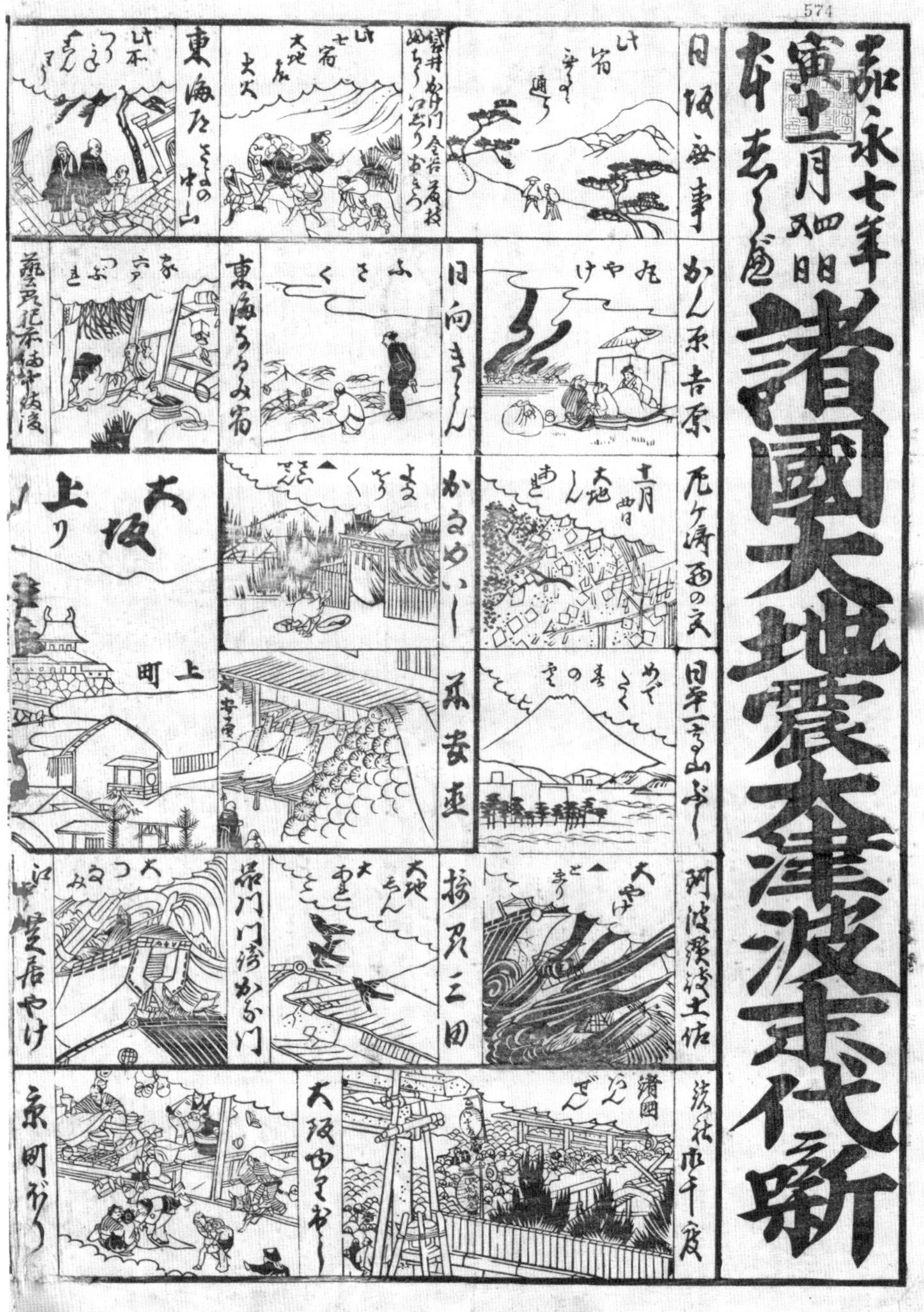
嘉永七年
諸國大地震大津波末代噺
大坂
上り
上町

諸国大地震大津波末代噺　防災専門図書館蔵

嘉永七年 寅十一月四日五日 本調べ

諸国大地震大津波末代噺

- **日坂無事** 17 此宿無事に通り
- **袋井・掛川・金谷・藤枝・府中・江尻・興津** 16 此七宿大地震大火
- **東海道小夜の中山** 15 此所釣鐘建立▲
- **蒲原・吉原** 18 丸焼け
- **日向飢饉** 33 不作
- **東海鳴海宿** 32 家六部潰れ
- **芸州・備前・備中**
- **尼崎・西宮** 19 十一月四日大地震荒れ
- **要石** 34 世直り世直り ▲賽銭
- **大坂上り**
- **日本一高山富士** 20 目出たく春の雲
- **米安値** 35 大安売
- 上町
- **阿波・讃岐・土佐** 21 大焼け ▲とまり
- **摂州三田** 22 大地震大荒れ
- **品川・川崎・神奈川** 23 大津波
- **江戸芝居やけ**
- **諸社御千度** 01 諸国安全
- **大阪ゆり出し** 02
- **京町堀**

此末代噺は本調べいたしくわしく諸国地震津波ならびに大火の次第をうつし

- 14 **宮・桑名** 大荒れ大荒れ
- 13 **京・木津・奈良・大津** 作料
- 12 **志州鳥羽辺** 混雑混雑
- 11 **尾州名古屋** 諸入用
- 31 **・備後** 西国筋、芸州広島、三備州、尾道・鞆
- 30 **伊勢両宮無事** 春日灯籠壊る 賽銭
- 29 **美濃竹ヶ鼻地さけ泥吹出す** 泥かいかい
- 10 **越前敦賀地震そのほか北国** 世直り世直り、目出度い目出度い
- 36
- 28 **美濃大雪・地震** 是はたまらぬたまらぬ
- 09 **新田舟入り流れ混雑**
- 27 **播州近辺** 格別の事もなし
- 08 **清水・天王寺・玉造** ▲賽銭 これはたまらぬたまらぬ
- 24 三芝居やけ
- 25 **諸方屋敷江戸損じ** ▲普請料
- 26 **浅草・上野僧正寺無事** ▲賽銭
- 07 **大黒橋津波亀井橋そのほか落橋**
- 03 **五日夕方諸方混雑**
- 04 ▲風呂銭
- 05 **諸方井戸屋形釣鐘堂** 何が銭儲けの種になるやら
- 06 **諸方くだけ** ▲破損料

※**赤数字**はとまれ・罰

「諸国大地震大津波末代噺」の翻刻。一部、平仮名を漢字表記に、漢字・片仮名を平仮名表記に改めたところがあります。

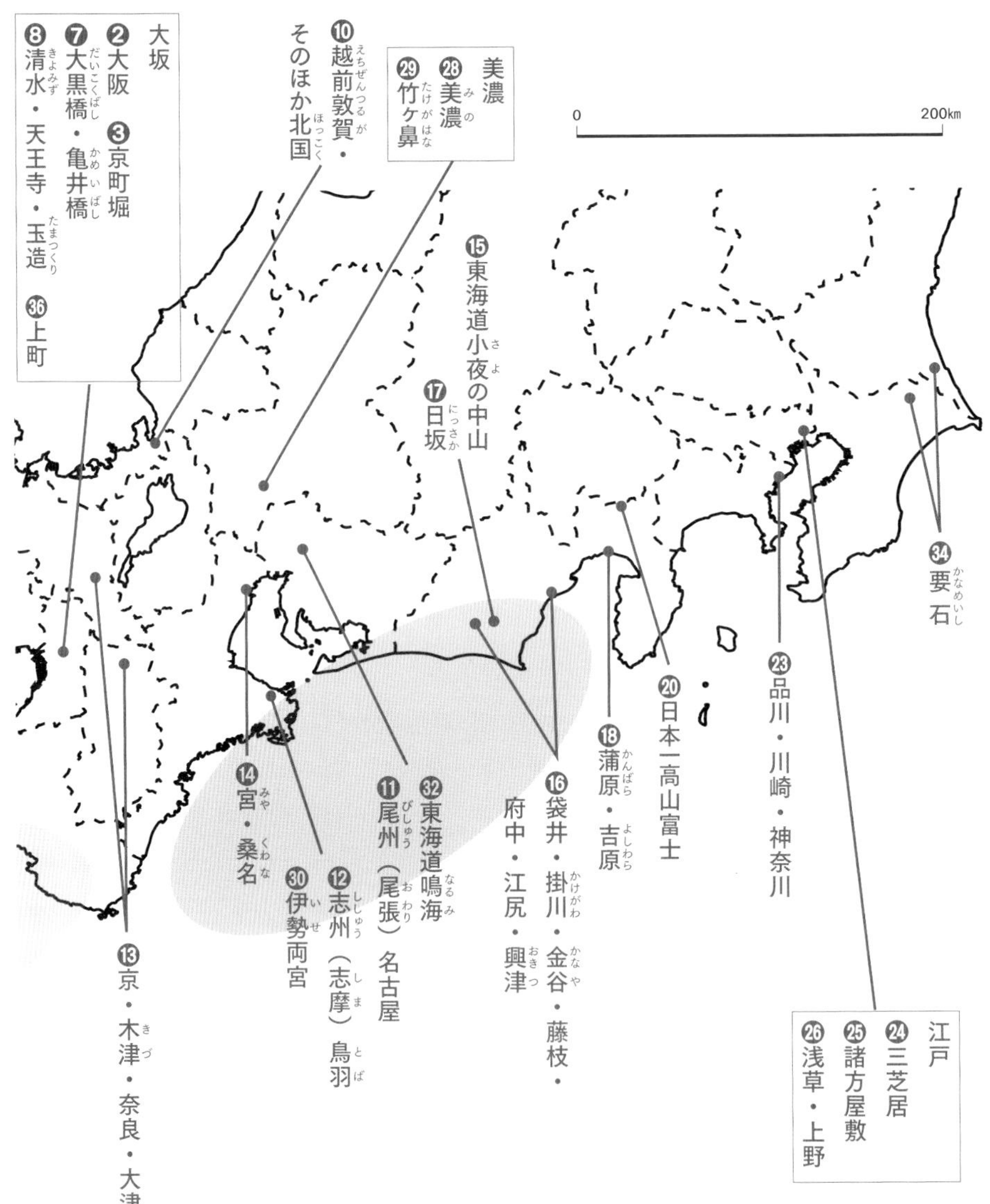

安政元年（1854）11月4日
安政東海地震（M8.4）震源域

安政元年（1854）11月5日
安政南海地震（M8.4）震源域

「諸国大地震大津波末代噺」に描写されている地点

【1】

諸社御千度

すごろくの振り出し、地震が発生する前の街の様子を表現したひとこまで、神社に参詣する群衆が描かれています。

この項目は、何気なく眺めていると、地震に襲われる前の大坂の街の平穏な日常を描いているように見えます。しかし、これはおそらく、安政伊賀上野地震からの時系列で捉えるべきでしょう。伊賀上野地震は、安政元年（嘉永7年、1854）6月15日の未明、現在の三重県伊賀市で発生しました。

マグニチュード7を超える内陸地震（直下型地震などともいわれます）であったと推定されています。伊賀の上野城で石垣が崩れたほか、1000人近くが亡くなったとされています。しかし、大坂では目立った被害はなく、氏神へのお礼の御千度詣りが流行していたようです。その様子は、たとえばかわら版「御千度踊見立」の袖書きにも「嘉永7年6月中旬より方々で地震があったため、大坂市中の人々は、日夜異形の風体（派手な服装）で神社へ参詣していた」と記されています。

このように御千度詣りの流行が11月まで続いていたところ、今度は大坂でも大きな被害を発生する安政東海・南海地震が発生しました。その様子は、かわら版「東海道大阪辺大地震津波図」に、

嘉永7年6月15日に大地震があったが、大坂市中には別段被害がなかったので、氏神へお礼の御千度詣りをしてめでたく祝っていた。11月4日の朝にまた地震が

あり、ところどころ被害があったが、格別のことはなかった。5日夕方にまた大地震があり、その後は揺れがやむことなく、夜にまた大地震。都合3度の大地震で、ついに方々でおびただしい被害が出るに至った。

とあります。

なお、すごろくの図中では鳥居と灯籠に支えのようなものが添えられています。伊賀上野地震での大坂の揺れは、半年後の安政東海・南海地震と比べれば被害が少なかったとはいえ、震度5程度の強さはあったとみられます。崩れたり、ずれ動いたりした鳥居や灯籠があったのでしょう。

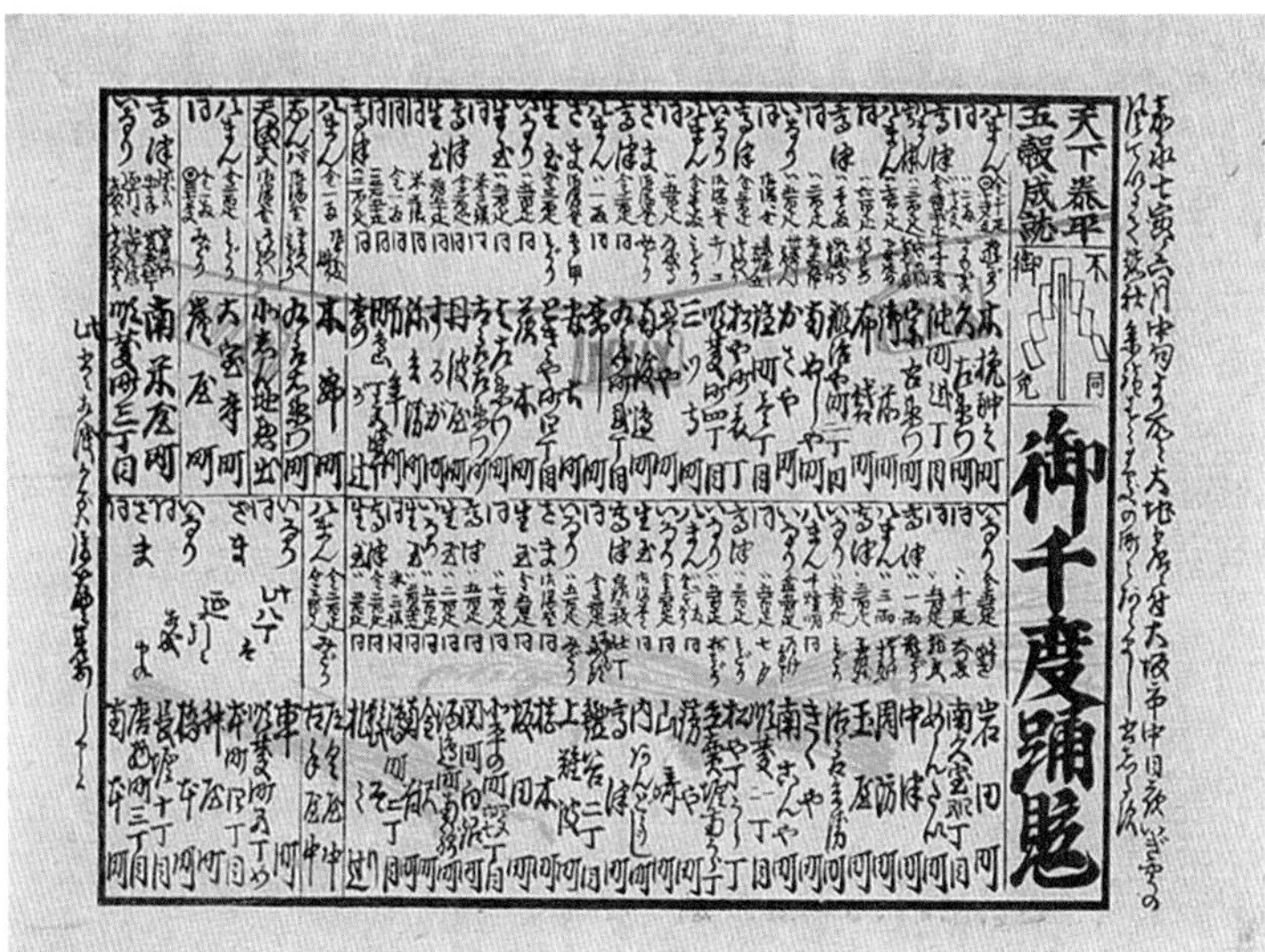

御千度踊見立　東京大学大学院情報学環蔵（小野秀雄コレクション）

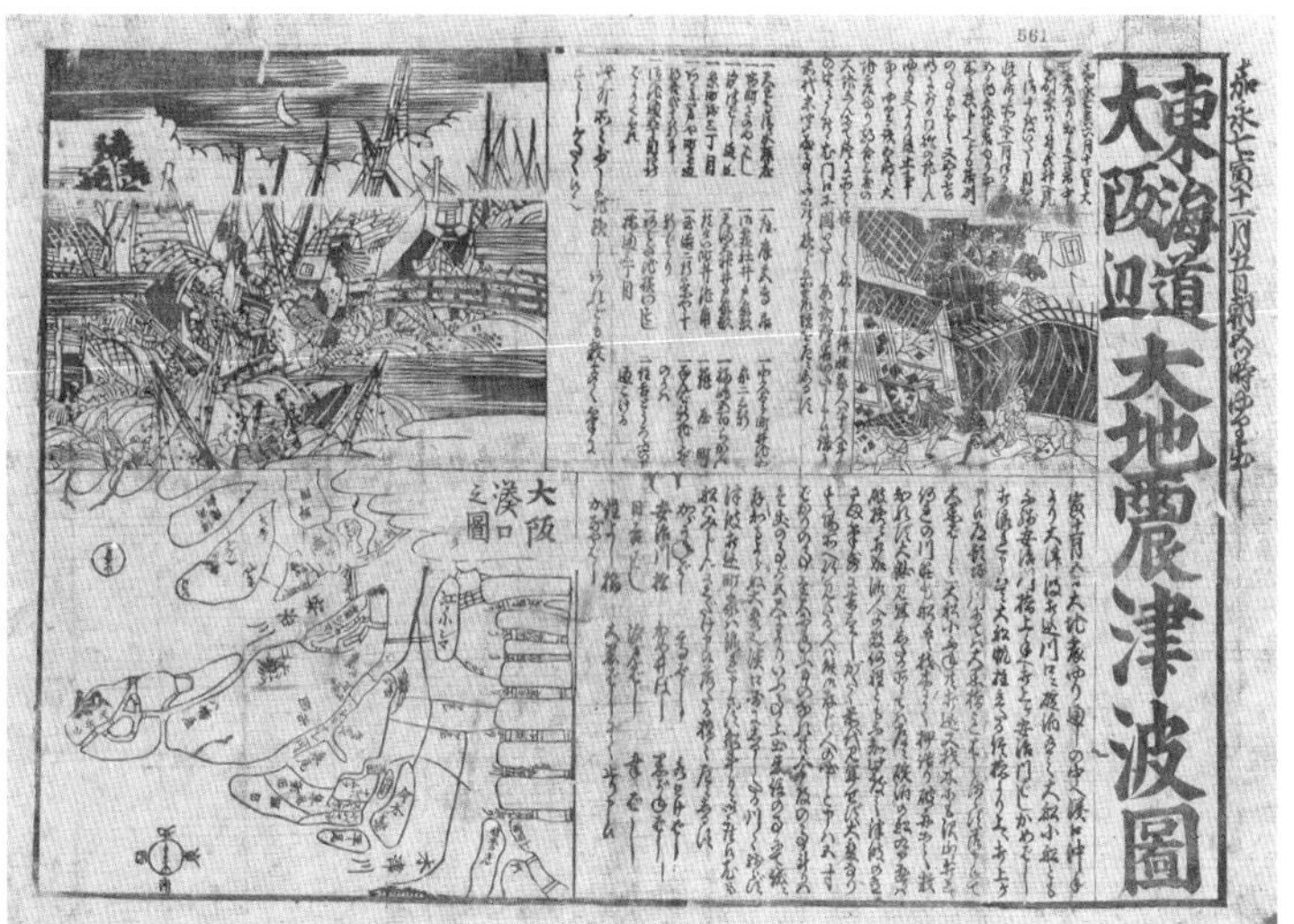

東海道大阪辺大地震津波図　防災専門図書館蔵

【2】大阪ゆり出し

大阪が「ゆり出し」た、つまり地震が発生して揺れ始めました。人々はとっさの判断で、それぞれに行動を始めています。

表題の「ゆり出し」は「揺り出し」であり、大坂の街が地震で揺れ始めたことを示しています。

図中では、食器などの什器が飛び、天井から吊るされているやかんが大きく振れ、床の上に積まれたものも崩れています。奥にいる女性は、火を消しているのでしょうか。道に面して鍋や椀などが並べられているこの建物は道具屋でしょうか、商品に布団をかぶせている人もいます。屋外へ目を移すと、両手を上げて建物から走り出る人、布団をかぶって走り出ようとしている人、老人を背負っている人もいます。

かわら版「諸国大地震大津波末代噺」は、すごろく形式であるため、個別の地点についてあまり詳しい描写はありません。しかし、安政東海・南海地震による大坂の揺れや被害の様子について詳細に記述したかわら版もあります。たとえば、「聞書　諸国並大阪大地震つなみ　諸国早飛脚へ申参り候由」には、清水寺（大坂の清水寺、34ページ参照）・坐摩神社・薩摩堀願教寺・天満天神・御霊神社・四天王寺などの寺社の被害のほか、大坂市中の町々の被害について倒れた家の数を挙げて記しています。また、人々は大通りへ畳を敷き、屏風や筵で囲って夜を明かしており、まことに哀れな様子であるとしています。

安政南海地震での大坂の揺れは震度6程度と推定されており、当時の一般的な家屋が倒壊に至ってもおかしくない強さです。ただし、安政南海地震の震源から大坂までそれなりに距離があるため、初期微動継続時間が20秒程度はあったと考えられます。初期微動とは地震による主要動（激しい横揺れ）が始まる前に訪れる比較的弱い縦揺れのことで、震源が遠いほど長く続きます。そのため、揺れ始めて即座に家屋が倒壊するには至らず、屋内の人々が戸外へ逃げ出す余裕はあったものと思われます。ただこの図の場合、屋内で茶碗などが飛び交い、天井から吊るしたものが左右に揺れる様子が描かれているため、すでに主要動が始まっていたのかもしれません。

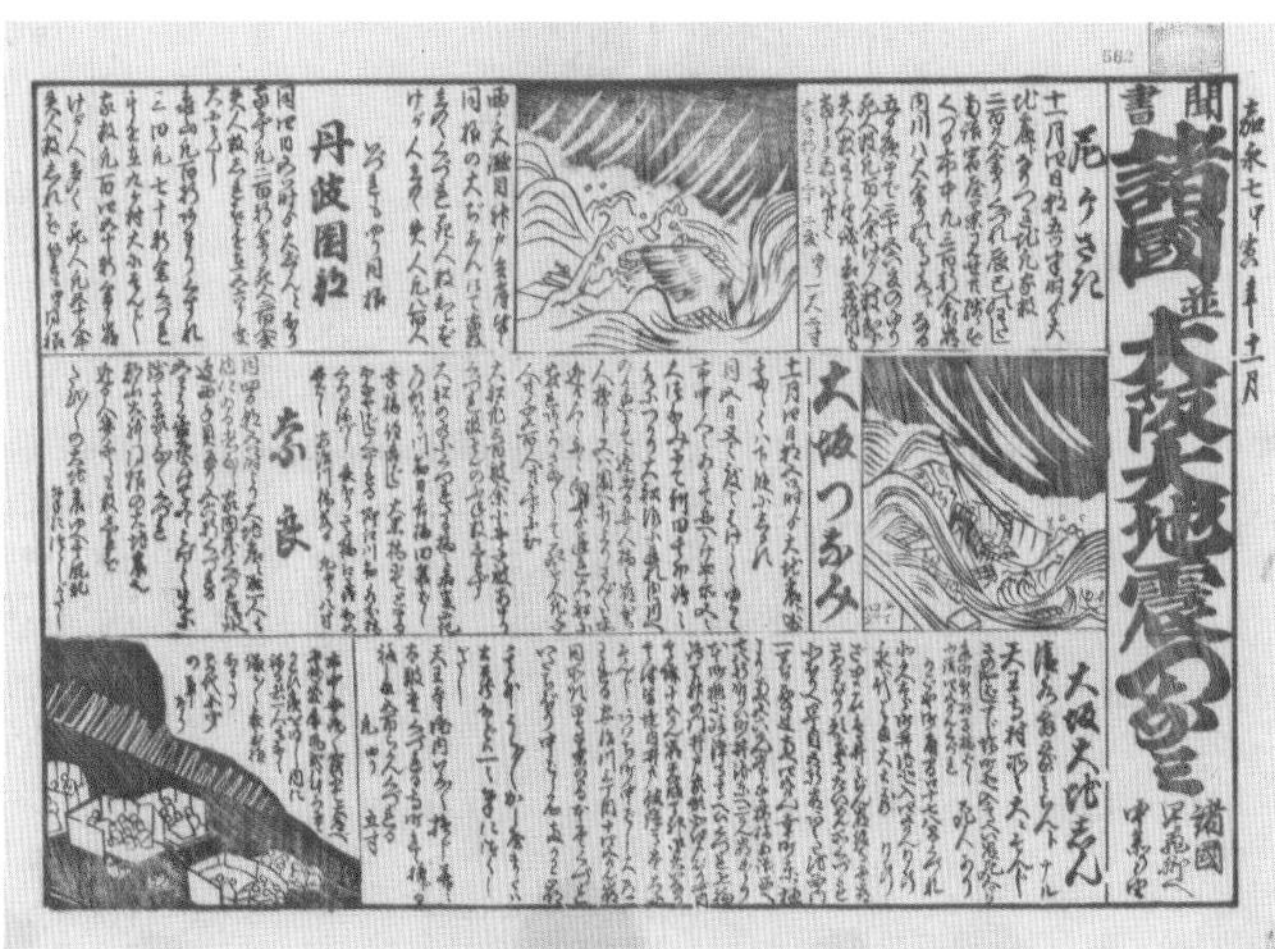
聞書　諸国並大阪大地震つなみ
大坂つなみ
奈良

聞書　諸国並大阪大地震つなみ　諸国早飛脚へ申参り候由
防災専門図書館蔵

【コラム】江戸時代の時刻

江戸時代の時刻は、日の出を「明六つ」、日の入りを「暮六つ」とし、日中と夜間をそれぞれ6等分の「刻」に分けていました。季節によって昼夜の一刻の長さが変化するため、不定時法と呼ばれます。昼と夜の12時にあたる刻をそれぞれ九つとし、刻ごとに数を減らして四つに至ります。

また、十二支を使った表し方や、一刻を上中下の3つに分ける呼び方もなされていました。かわら版や古文書の多くで、安政東海地震は「朝五つ時」または「辰中刻」、安政南海地震は「七つ時」または「申下刻」に発生したと記されています。

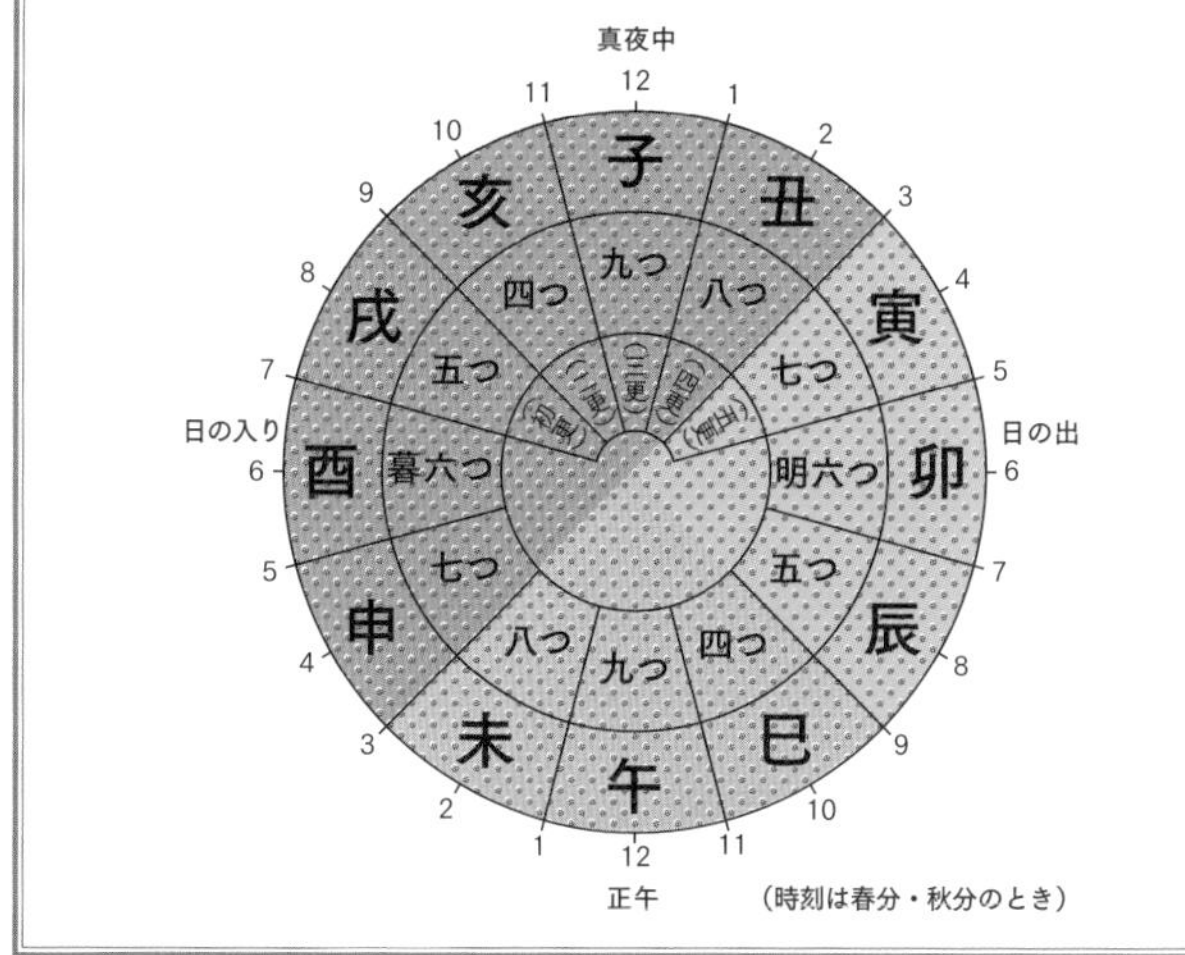

京町堀

京町堀（現在の大阪市西区の一部）で火の手が上がっているようです。図中左手に燃え盛る炎、右手には町火消のまとい（旗印）が2種類描かれています。

現在の大阪市西区にある靭（うつぼ）公園の北側一帯が京町堀という地名になっています。江戸時代、ここには京町堀という堀がありました。大坂は市域を縦横に走る堀による水運が盛んであったため、「〇〇堀」という地名が現在まで多数残っています。また、長堀通など、堀を埋めて幹線道路としたところもあります。一般的に、河川・水路・池などを埋め立てた土地は軟弱で、地震の際には他の場所と比べて揺れが強くなったり、地盤が液状化したりすることが多い傾向があります。また、もともと標高が低く、水が集まりやすいところですので水害にも注意が必要です。

図中には文字による説明がありませんが、京町堀のあたりで地震による火災があったということでしょう。同時代の史料に、京町堀で火災があったと記しているものがいくつかあり、たとえばかわら版「諸国大地震大津波 弐編」にも「京丁ぼり（京町堀）辺三、四間（軒）ほど焼失」と記されています。

かわら版は、いつ、どこで、誰が出版したものかわからないことが多く、歴史地震研究の場では必ずしも信頼性の高い史料として扱われません。また、史料によって詳細な被害の描写が食い違っていることもあります。これは、発災直後で情報が錯綜していた

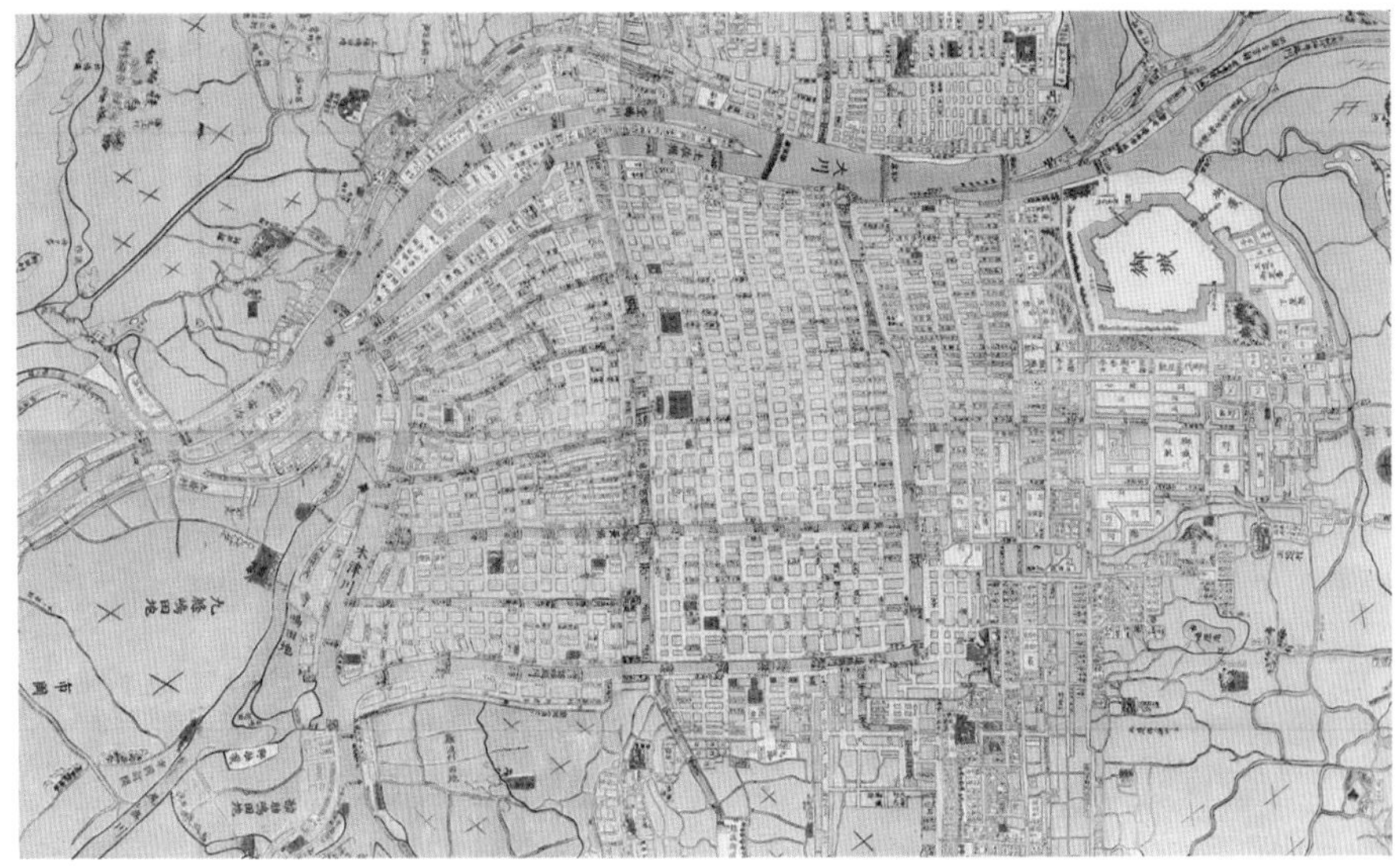

改正増補国宝大阪全図（『大阪古地図集成』第 15 図）大阪市立図書館蔵
文久 3 年（1863）の大坂。現在よりもはるかに多くの水路が存在したことがわかります。

京町堀付近の拡大図。水路に「京町ボリ」の文字が見えます。

京町堀公園（大阪市西区）にある「京町堀川跡」の碑

か、そもそも情報そのものが伝聞であり、筆者・話者自身が見たことではないなど、いろいろな要因が考えられます。「諸国大地震大津波末代噺」や「諸国大地震大津波弐編」の記述を理由に京町堀付近で火災があったと断定することはできません。しかし、逆に火災がなかったと否定することもできません。少なくとも、当時の人々が京町堀付近で火災があったらしいと認識していたことはわかります。

【4】

五日夕方　諸方混雑

安政元年（1854）11月5日夕方、安政南海地震が発生しました。銭湯を利用していた人は、大慌てで裸のまま飛び出したり、柱につかまったりしています。黒塗りの▲印は八文のふろせん（風呂銭）がかかるという意味で、すごろくとしてはペナルティ発生です。

安政元年（1854）11月5日夕方に発生した安政南海地震についての内容です。東海地震と南海地震の震源域はそれぞれ紀伊半島沖から東側と西側に広がっており、これを反映して大坂での揺れは南海地震の方が大きかったようです。「こんざつ」は「混雑」であり、一般には混みあっているという意味ですが、入り混じって分けにくい、ごたごたするという意味もあります。ここでは「混乱」に近い意味合いで捉えておくのが良いでしょう。

図中では、混乱している現場の例として、銭湯の様子が描かれています。江戸時代はもとより昭和の前半あたりまで、庶民は銭湯を利用するのが普通でした。今日のように自宅に浴室を備えることが一般化したのは、第二次世界大戦後の高度経済成長期を迎えたころからです。江戸時代の庶民生活をいきいきと描写した落語や講談などでも、登場人物が銭湯を利用する場面はたくさんあります。また、銭湯は単に入浴するだけの場所ではなく、庶民の憩いの場あるいは社交の場として機能していました。図中には、揺れに驚いて裸のまま飛び出す人や柱にしがみつく人が描かれています。夕方、お湯につかりながらリラックスしていたところで、急に揺れに襲われたのでしょう。

入浴中は衣服を着ておらず、無防備な状態といえます。そ

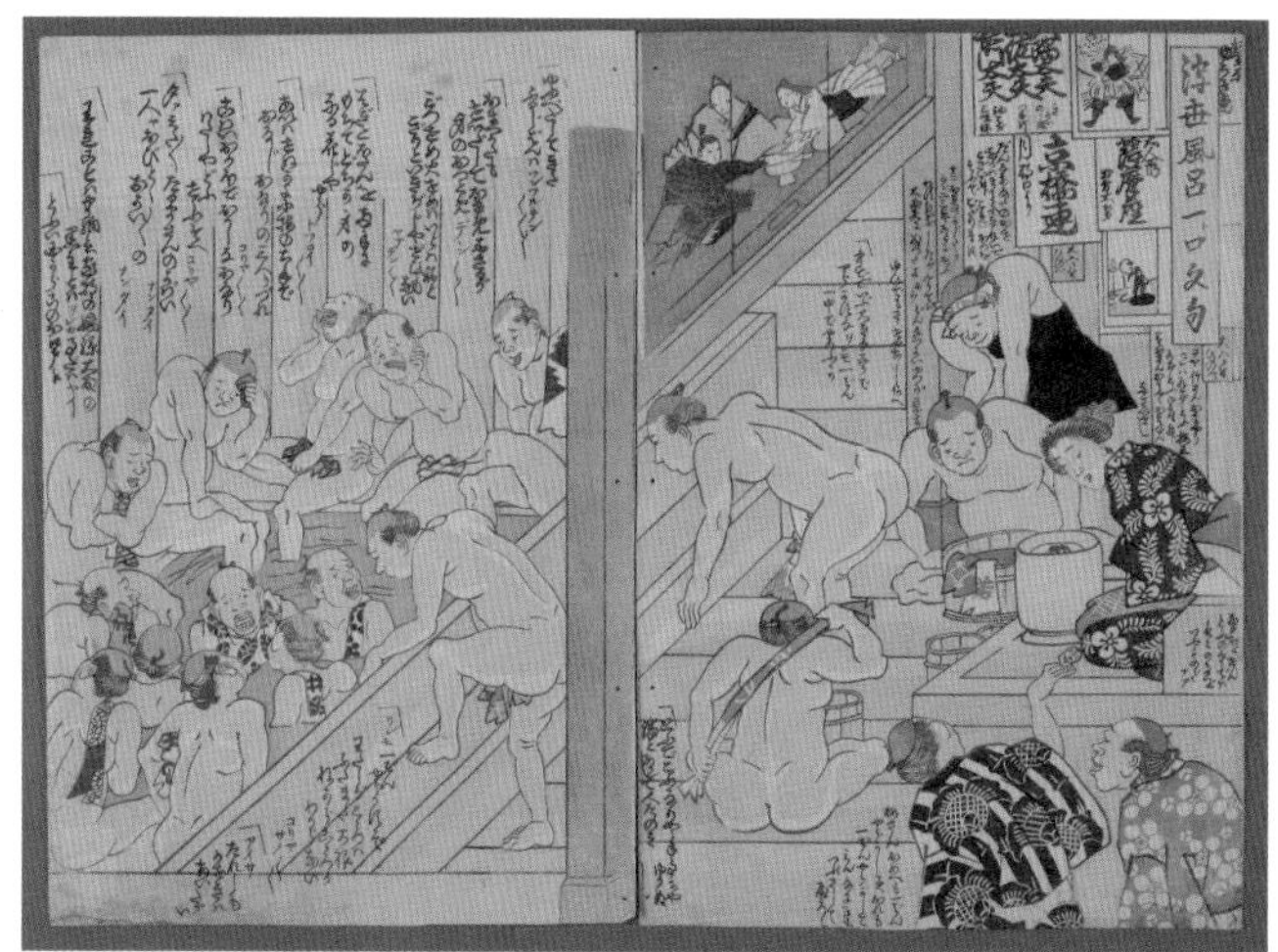

江戸時代の銭湯の様子を描いた錦絵「浮世風呂ひとくち文句」
早稲田大学図書館蔵

のとき、急に強い揺れに襲われたらどうするか、考えさせられるひとこまです。現代の銭湯や自宅の浴室であれば、鏡・ガラス・タイルなどの落下や破損に気を付ける必要があります。浴槽のふたがあれば、これをかぶって頭部を守るのも有効です。建物が十分な耐震性を持っている場合には、揺れ始めてすぐに倒壊することはありません。慌てて飛び出すよりも揺れが収まるのを待って避難する方が安全でしょう。

【コラム】かわら版いろいろ（1）大地震ニ附（つき）大津波次第

安政東海・南海地震における、大坂の被害状況をまとめたかわら版です。安政元年 11 月 4 日の安政東海地震では、大坂市中に崩れ約 200 ヶ所、加えて天王寺の塔が歪むなどの被害があったことが書かれています。翌 5 日の夕方には安政南海地震が起こり、約 2 時間後に津波が大坂の町を襲いました。かわら版には「市中町人 4 日の地震に恐れ、茶船（小型船）・屋形船・三十石船などに乗り夜明かしする人、夥（おびただ）しくこれ有り候（そうろう）」、と書かれています。

江戸時代、大坂は水運の町として発達し、水路が市中を縦横に巡っていました。そのため、避難先に船を選ぶ人も数多くいました。彼らの乗った船は「ことごとく砕け」、「溺（おぼ）れ死す人何百人の（ママ）その数知らず」とあります。29 ～ 33 ページとも関連しています。（末松）

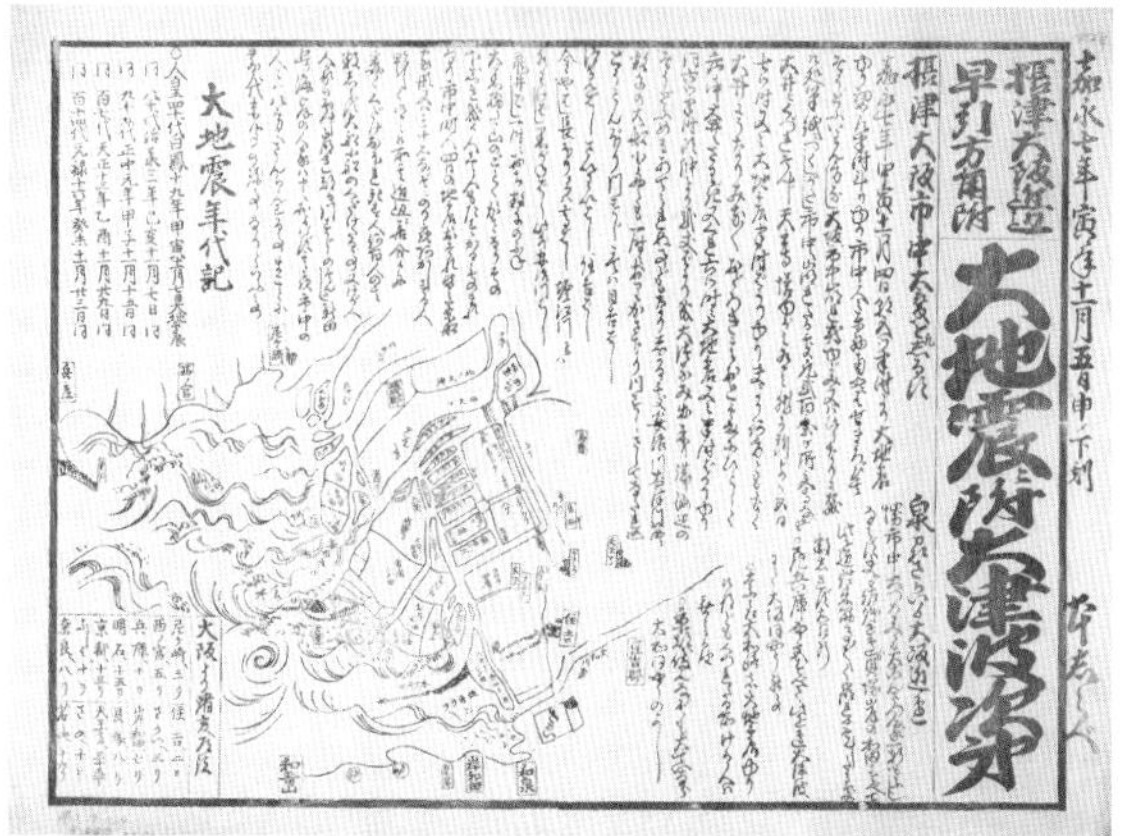

摂津大阪（ママ）近辺　早引方角附　大地震ニ附大津波次第　防災専門図書館蔵

【5】諸方井戸屋形・釣鐘堂

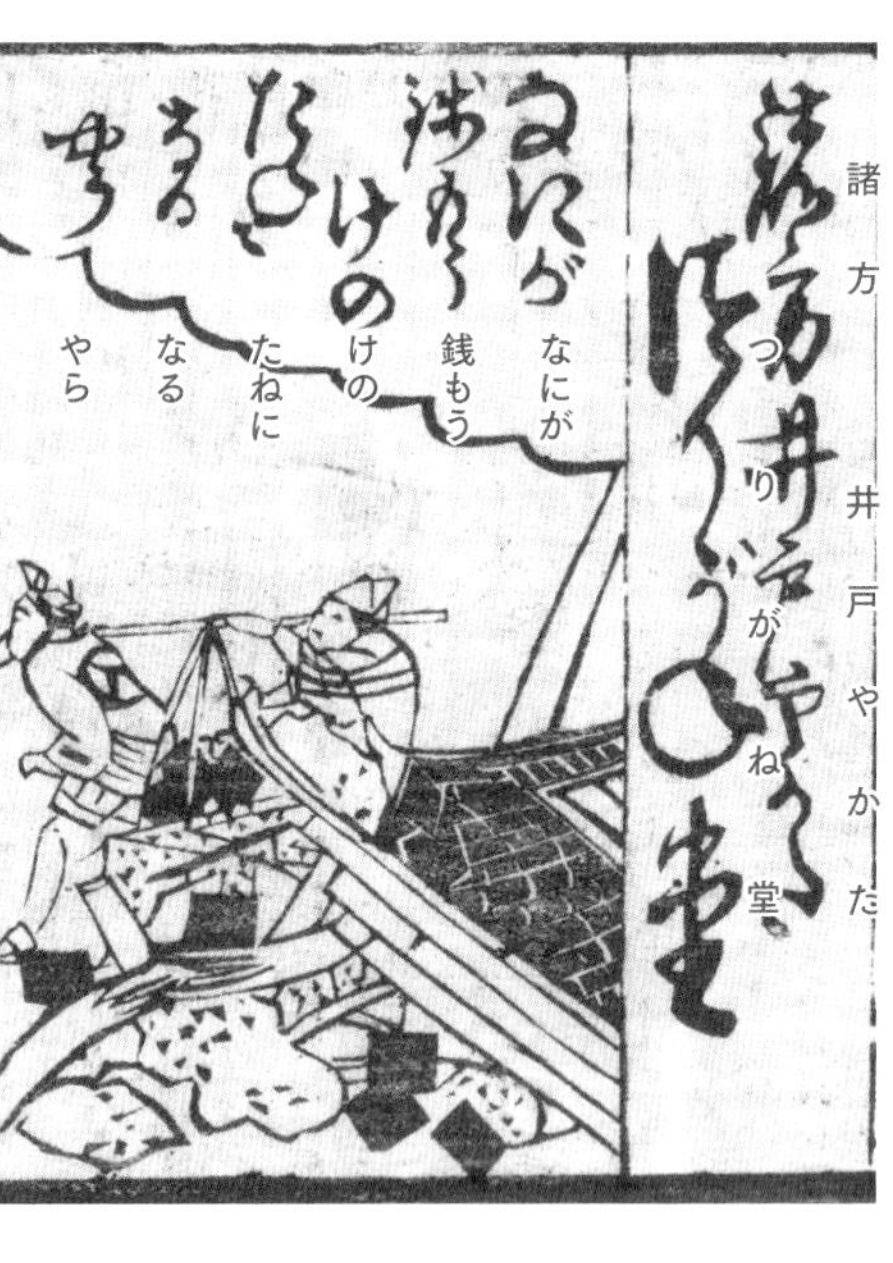

井戸屋形（井戸のまわりに柱を立てて屋根を設けたもの）が倒壊しています。奥で何かを運んでいる人物は大工でしょうか、「何が銭もうけの種になるやら」と忙しそうです。

井戸屋形は、井戸のまわりに柱を立ててその上に屋根を設けただけの簡素な建物のことです。現在の井戸の多くは手押しポンプや電動ポンプを利用していますが、昔は井戸屋形に滑車を取り付けてつるべ桶を手動で上下させることで水を汲み上げていました。釣鐘堂は鐘楼などともいい、寺院の梵鐘（釣鐘）を吊るすための建物であり、井戸屋形と同様、構造としては簡素なものです。大坂市中でたくさんの井戸屋形が倒壊したものと思われますが、たとえば【1】「諸社御千度」の項目でも紹介したかわら版「東海道大阪辺大地震津波図」には、「御霊社と天満天神の井戸屋形が破損した」と記されています。御霊社は大阪市中央区淡路町にある御霊神社のことで、近松門左衛門の浄瑠璃「曽根崎心中」にも登場する有名な神社です。天満天神は大阪市北区天神橋にある大阪天満宮のことで、学問の神とされる菅原道真を祀っており、広く「天満の天神さん」と親しまれている神社です。

さて、図中ではさらに、画面奥の方に2人の人物が描かれており、何かを運んでいるようです。この2人はおそらく大工、あるいは建設業従事者であり、地震によって各地で建物の損傷が発生した結果、思いがけず仕事に恵まれたのでしょう。現代でも、被害を生じるような規模の地震の後には、一時的に建設需要が増加します。図中の「なにが銭もうけの種になるやら」という文は2人の心情を端的に表現したものと思われますが、「災いを転じて福となす」というたくましさも感じます。このように地震をかえって歓迎するような雰囲気は各地にあったようで、たとえば名古屋近郷でも川の堤防の復旧工事に関わって利益を得た人の話が尾張藩士・奥村得義による記録『松濤棹筆』に記されています。

　このたびの地震は身厚き（裕福な）者にとって当たりが強く、身柄一寸の軽き（裕福でない）者にとっては何かにつけて仕事のきっかけとなり、儲けがあった。商人もまた同様である。物を買う人があってその恩恵にあずかることができるのも地震のおかげであるといって笑い語った。なるほど、世間で「世直し地震」といわれているのももっともなことである。

鐘楼（寛永寺）

井戸屋形（四天王寺）現在使われているものはつるべ式ではなく手押しポンプ式です。

御霊神社

大阪天満宮

【6】諸方くだけ

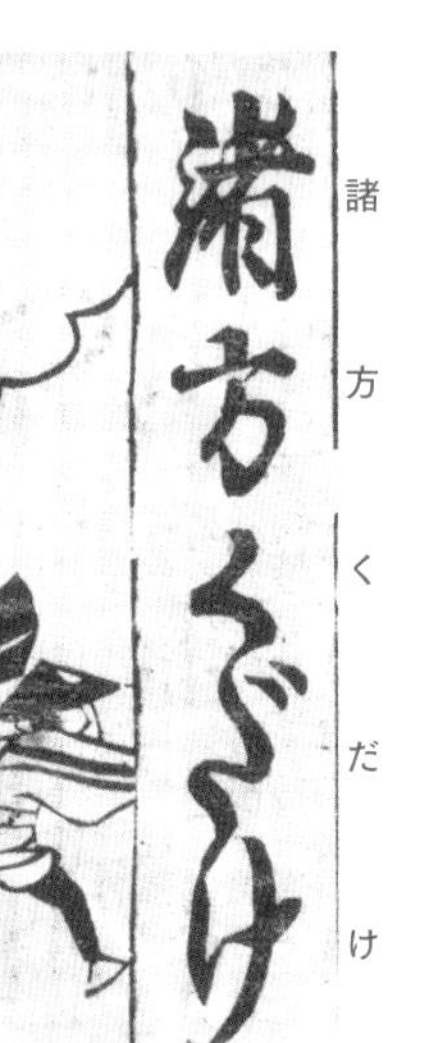

建物が倒壊してしまったようです。壁は崩れ落ち、瓦が散乱しています。下敷きになってしまった人もいます。画面右側の人物は、何かを運んでいるのでしょうか。

図中左側に、倒壊してこなごなになってしまった建物と、その下敷きになっている人物が描かれています。図中上方には黒塗りの三角印と「はそんりやう（破損料）」の文字があり、すごろくとしてはここでペナルティが発生することになっています。

この項目は、方々で建物が倒壊したことを示しているだけで、具体的な場所や被害規模についての情報はありません。実際には、大坂の町奉行所による詳細な調査がおこなわれており、江戸の幕府へ報告書が送られています。それによると、揺れによる人家の倒壊83軒のほか、次項に詳述する津波による家屋の大破76軒、死者273人などとなっています。ただし、ここに挙げられているのは大坂三郷（江戸時代の大坂における3つの町組、北組・南組・天満組の総称。難波や天王寺などの地域は含まれません）の範囲に限ったもので、かつ人別帳に登録されていない人は除外されており、実際の被害や死者数はこれを上回るものであったはずです。

また、同時期のかわら版でも大坂市中の被害状況を詳しく記しているものがありますので、次ページのコラムで見てみることにしましょう。

【コラム】大坂市中の被害状況

すごろく「諸国大地震大津波末代噺」には大坂に関連する項目が多くあります。マスごとの説明でも折に触れて各所の被害状況を紹介していますが、ここで安政元年（1854）に大坂を襲った大地震についてまとめておきます。

『大阪府史』『大阪市史』などでは、安政元年に大坂を揺るがした地震として６月の伊賀上野地震と 11 月の安政東海・南海地震が取り上げられています。

伊賀上野地震は安政東海・南海地震より規模が小さいとはいえ、マグニチュード７クラスの内陸地震です。しばらくの間は強い余震が続きました。船に乗って揺れを避ける人が多く、大坂の街を縦横にめぐる堀は船でいっぱいになりました。この地震で石灯籠の多くは倒れましたが、家屋の損傷は少なく、死者の報告もありません。

安政東海・南海地震は、伊賀上野地震をはるかに上回るものでした。家屋・土蔵・納屋・土塀・道場・井戸屋形・絵馬堂・石鳥居など、多くが損壊しています。しかし、揺れによる直接的な死者として記録に残るのは２人にとどまります。実は、大坂の安政南海地震による死者は、史料によってまちまちで正確にはわからないものの、最大で数千人に上るという推計もあります。そのほとんどは、次の【7】「大黒橋津波、亀井橋そのほか落橋」で紹介する津波の遡上によるものでした。（平井）

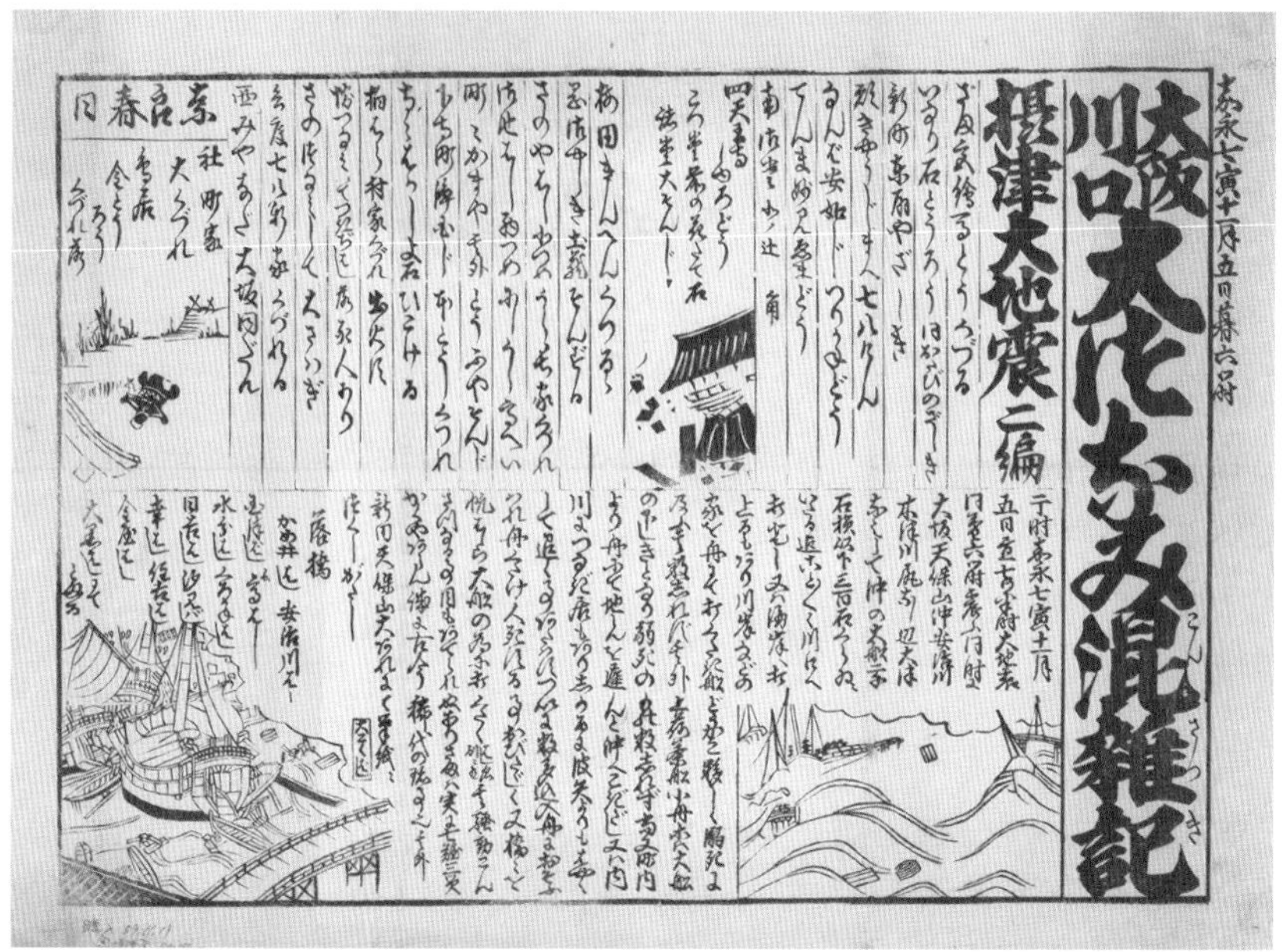

嘉永七寅十一月五日暮六ツ時

大阪川口大つなみ混雑記

摂津大地震二編

大阪川口大つなみ混雑記　防災専門図書館蔵
上段には安政南海地震の揺れによる大坂市中と周辺地域の被害、下段には津波の遡上について事細かに記されています。

【7】大黒橋津波、亀井橋そのほか落橋

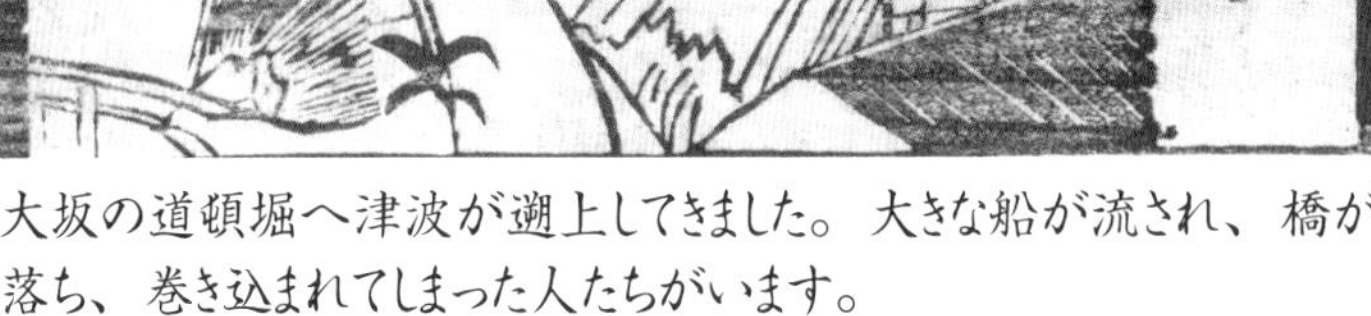

大坂の道頓堀へ津波が遡上してきました。大きな船が流され、橋が落ち、巻き込まれてしまった人たちがいます。

大黒橋と亀井橋は、大阪市内を東西に流れる道頓堀川に架かっていた橋の名前です。大黒橋は、江戸時代初期の元和元年（1615）に道頓堀が開削されてまもなく架けられ、当時は木製でした。その後、何度かの架け替えがおこなわれ、現在は平成25年（2013）に完成したコンクリート製の大きな橋となっています。一方、亀井橋は現存していません。

図中では、大きな船が波に押し流されている様子が描かれています。安政南海地震では、地震によって引き起こされた津波が木津川（大坂の街から見て西側、道頓堀の下流）を遡上し、さらに道頓堀へ入ってきました。地震発生からおよそ2時間後のことであったと考えられています。これにより、川筋に係留されていた多数の船が上流へ向かって押し流され、道頓堀に架かる多くの橋を破壊し、最終的に大黒橋に引っかかって船が山のように積み重なりました。このとき、余震による揺れを避けるために船に乗って避難していた人が多数犠牲になりました。これは、およそ半年前の安政元年（1854）6月15日に発生した伊賀上野地震の際に、川船に乗って揺れを逃れた経験があだとなったものです。

次ページの絵図は、安政南海地震時の大坂沿岸部の様子

を示したもののひとつです。津波による浸水範囲の描写は図によって多少異なりますが、本図では現在の大阪市大正区にあたる地域のほとんどが青色で塗られています。また、道頓堀をはじめ堀江川・長堀川・安治川でも津波の遡上により船舶が流された様子が描かれています。

この道頓堀の津波遡上による悲劇からは、さらに教訓を読み取ることができます。安政南海地震の147年前、宝永4年（1707）10月4日に発生した宝永地震（南海トラフの静岡県沖から四国沖までが震源域となって発生した歴史上最大の南海トラフ地震。詳しくは巻末の解説を参照）の際にも、道頓堀では船に乗って揺れを避けていた人々がおり、やはり川を遡上してきた津波に呑まれて亡くなっていました。安政南海地震のときには、すでに宝永地震のことを知る人は少なくなっており、同じ場所で同じ悲劇が起こってしまったのです。そこで、二度と同じ過ちを繰り返さないよう、「大地震両川口津浪記」という碑が建てられました。これは、現在も木津川に架かる大正橋のたもと（大阪市浪速区幸町）にあって大切に守られています。碑文に記された内容については、次ページのトピックで詳しく紹介することにします。

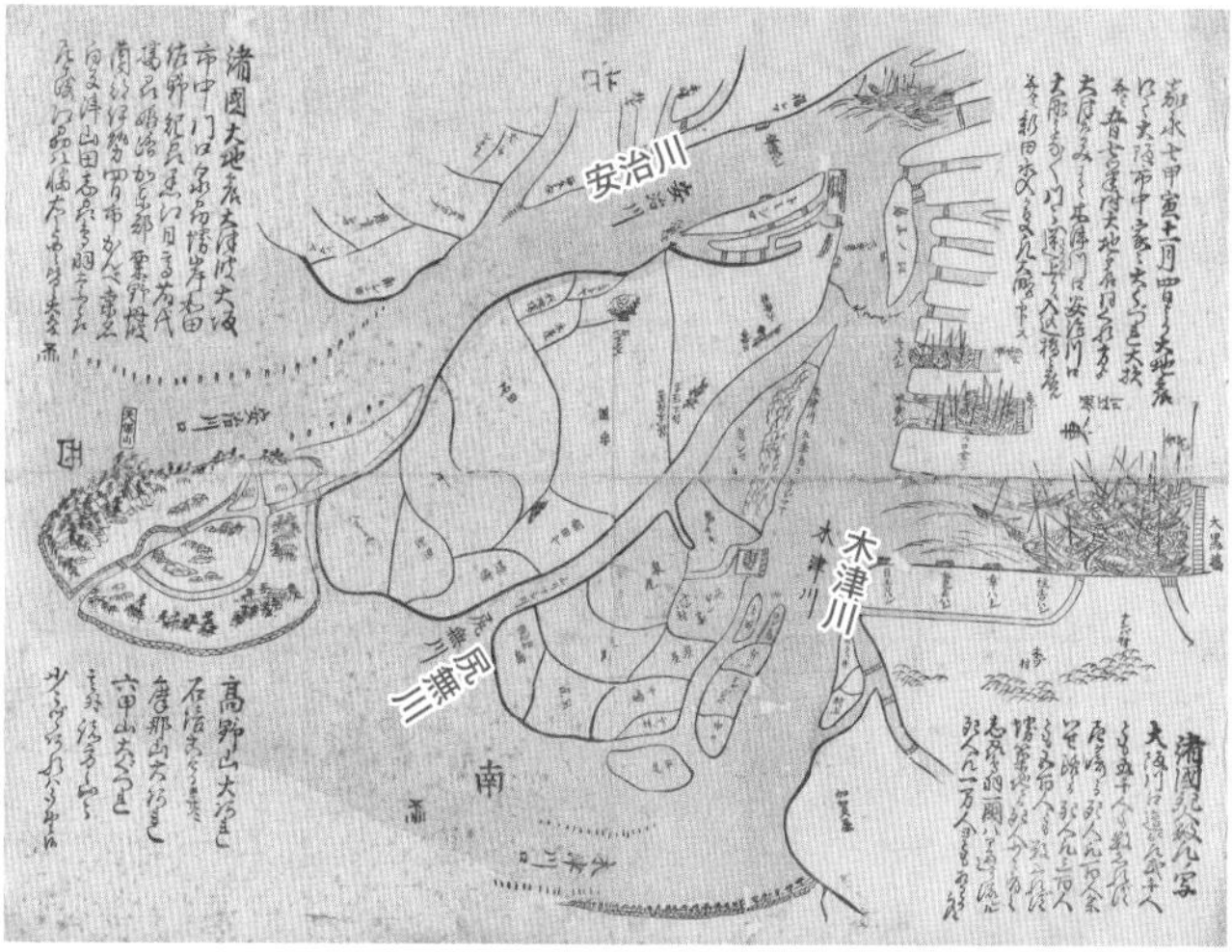

安政南海地震にともなう津波による大坂沿岸部の浸水範囲と、津波の遡上による落橋の様子を示した絵図　清水美帆氏蔵（减災館寄託）

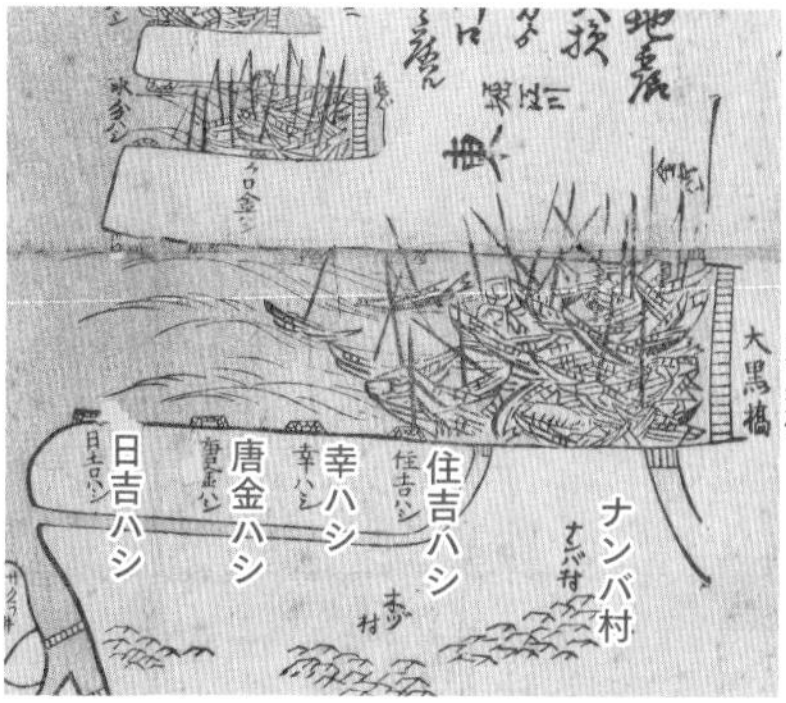

道頓堀付近の拡大図

現在の道頓堀と大黒橋

【トピック】大地震両川口津浪記

大地震両川口津浪記は、大阪市浪速区の道頓堀が木津川に合流するあたり、大正橋のたもとにある高さ1メートルほどの四角柱形の石碑です。【7】「大黒橋津波、亀井橋そのほか落橋」の項目でも触れた通り、安政南海地震と津波による犠牲者を弔い、後世へ教訓を伝えるべく建てられました。正面には「南无（無）阿弥陀仏」と「南無妙法蓮華経」の文字が、側面と背面には地震と津波による悲劇の一部始終がびっしりと刻まれています。碑文に記されている内容は次の通りです。

正面（原文）

天下和順　日月清明
風雨以時　災厲不起
南　无　阿　弥　陀　仏
南　無　妙　法　蓮　華　経
願以此功徳　普及於一切
我等与衆生　皆共成仏道

側面・背面（現代語訳）

嘉永7年6月15日子刻（1854年7月9日未明）、大地震（伊賀上野地震）があった。大坂市中の人々は驚き、大通りや川端にたたずみ、余震を恐れて4、5日の間不安な夜を明かした。伊賀・大和では多くの人が亡くなった。

同年11月4日辰刻（12月23日朝）、大地震（安政東海地震）があった。市中の人々は空地に小屋をつくって過ごし、老人や子供が多く避難していた。

翌5日申刻（12月24日夕方）、また大地震（安政南海地震）が起こった。家が崩れ、火事も起き、恐ろしい様子であった。日暮れごろ、雷のような響きとともに海辺一帯に大波が押し寄せた。

安治川はもちろん、木津川は特に激しく、山のような大波が立ち、東横堀まで泥水が4尺（約130センチメートル）ばかり入り込んだ。川筋に居合わせた大小多数の船の碇や綱が切れ、いっぺんに川上へさかのぼり、安治川橋・亀井橋・高橋・水分橋・黒金橋・日吉橋・汐見橋・幸橋・住吉橋・金屋橋などはことごとく崩れ落ちた。また、道にあふれた水に慌てて逃げまどい、川へ落ちる人もあった。大黒橋で大きな船が横倒しになって川筋をふさいでしまったので、川下から流れてきた船が小船を下敷きにしながら次々と乗り上げて山のようになり、多くが破船した。川岸の建物などを大船が押し崩し、その音や人々の叫び声が響き渡ったが、あっという間のことだったので助けることができなかった。わずかのうちにおびただしい数の水死者とけが人が発生した。船場や島之内までも津波が来るといううわさが流れ、上町へ慌てて逃げていく人々もみられた。

今から147年前の宝永4年10月4日（1707年10

月28日）の大地震（宝永地震）の際にも、地震の揺れを恐れて船に乗っていたところ、津波に呑まれて溺死した人が多かったという。年月が経ち、このことを伝え聞く人が少なくなったため、今回また同じ場所で多くの人々が亡くなった。痛ましいことである。今後も同じことが起こりうるだろう。

（中略）

　津波の勢いが通常の高波と異なって激しいことを今回被災した人々はよくわかっているが、後世の人のため、また犠牲になった人の供養のため、ありのままを拙文にて記し置く。どうか心ある人は、この石碑の文字を読みやすい状態に保つべく、年々墨を入れてほしい。

　この碑の末文の通り、現在でも地域住民たちが墨汁で文字をなぞることで碑を読みやすく保つとともに、毎年供養の法要が営まれています。

（平井）

大地震両川口津浪記　正面

大地震両川口津浪記
背面

大正橋から西方を望む。当時、この川の向こうには新田が広がっていましたが、津波により浸水しました。

【8】清水(きよみず)・天王寺・玉造(たまつくり)

大阪市内の東部、上町(うえまち)台地に現在も位置する寺社の様子です。建物・門・塔などが傾いているように見えます。

ここで列挙されているのは、現在の大阪市中心部から見て東側にそびえる上町台地上に位置する寺社です。

摂津名所図会「清水寺」　国立国会図書館デジタルコレクション

「清水」は大阪の清水寺（天王寺区）のことです。台地の地形を生かして、京都の清水寺を模した舞台造の本堂を有する寺院として建立されました。現在は「清水寺舞台」と称するテラスがあるのみですが、『摂津名所図会』には京都の清水寺と同様の舞台造の本堂が描かれています。「天王寺」は聖徳太子の創建と伝えられる四天王寺の通称です。「玉造」は伊勢本街道の起点である玉造稲荷(いなり)神社（中央区）を指していると考えてよいでしょう。これらの寺社はいずれも非常に歴史が長く、詳細は不明の部分があるものの、寺伝・社伝によると清水寺は寛永17年（1640）中興、四天王寺は推古天皇元年（593）創建、玉造稲荷神社は垂仁天皇18年（紀元前12）創建とされています。

図中に描かれた寺社の建物は、倒壊には至らないものの、いずれも傾いているように見えます。黒塗り三角印の「さいせん　これはたまらぬ〳〵」は、単なるすごろくとしてのペナルティでしょうか。あるいは修復に多額の費用がかかることを示しているのでしょうか。

上町台地には他にも歴史ある古い寺社が集中しており、たとえば生国玉神社、高津宮、一心寺、勝鬘院などが有名です。また、大坂城も、創建当初の建物は残っていないものの上町台地の北端に位置していました。なぜ、大阪の古い寺社や歴史上の重要拠点は上町台地に集中しているのでしょうか。鍵は大阪の地形の成り立ちにあります。次ページのトピックで、その秘密を探ってみましょう。

浪花百景之内 玉造稲荷舞台　国立国会図書館デジタルコレクション
浪華百景幷都名所に描かれた玉造稲荷神社。上町台地の東端にあり、生駒山や葛城山を望むことができたといいます。

現在の清水寺舞台。江戸時代には、ここから大阪湾を眺めることができました。

四天王寺の仁王門と五重塔。境内の一角には「安政地震津波碑」もあります。

【トピック】上町断層と上町台地・大阪の地形の成り立ち

現在の大阪の市街地は古代には大部分が海であり、のちに上町台地と呼ばれる部分がわずかに陸地として南側から北向きに突き出ていました。この上町台地北端部に難波宮が置かれ、政治の中心となりました。『日本書紀』によると、白雉3年（652）のこととされています。その位置は現在の大阪市中央区、大阪歴史博物館の南側であり、国の史跡に指定されています。

時代が下ってからも、石山本願寺や大坂城がこの位置に築かれています。ここは、すぐ北側を淀川（現在は大川と呼ばれています）が流れる天然の要害であり、京都と西日本各地との間の水運の要衝でもありました。天正11年（1583）から豊臣秀吉によって開発された城下町も、はじめは上町台地上の大坂城から四天王寺にかけての地域が中心でした。しかし、慶長3年（1598）の三の丸の造営以降、上町台地西側の低地が開発され、さらに元和元年（1615）の大坂夏の陣以降はこちらが大坂の町の中心となりました。これが、現在まで続く船場・島之内などの地域です。

江戸時代には、上町台地は市街地の近くにあって自然との触れ合いを楽しめる行楽地となりました。花見の名所も多くあり、また現在のように高い建物がなかった当時、西側の斜面は海を望むことのできる景勝地でもありました。四天王寺付近の地名「夕陽丘」は大阪湾へ入る夕日を眺望できることにちなんでいます。

上町台地に限らず、一般的に、台地上は地盤が固く、低地と比較して地震時の揺れが弱い傾向にあります。また、標高が高いため、水害にも遭いにくくなっています。全国的にも、長い歴史を持つ寺社は台地上などの地盤の固い地域に多く位置しています。これは、古代は人口分布が地盤の固い地域に集中していたこと、当時の土木建築技術では地盤の緩い土地に建設することができなかったこと、そもそも災害リスクの低い場所に位置する寺社が現代まで存続し得

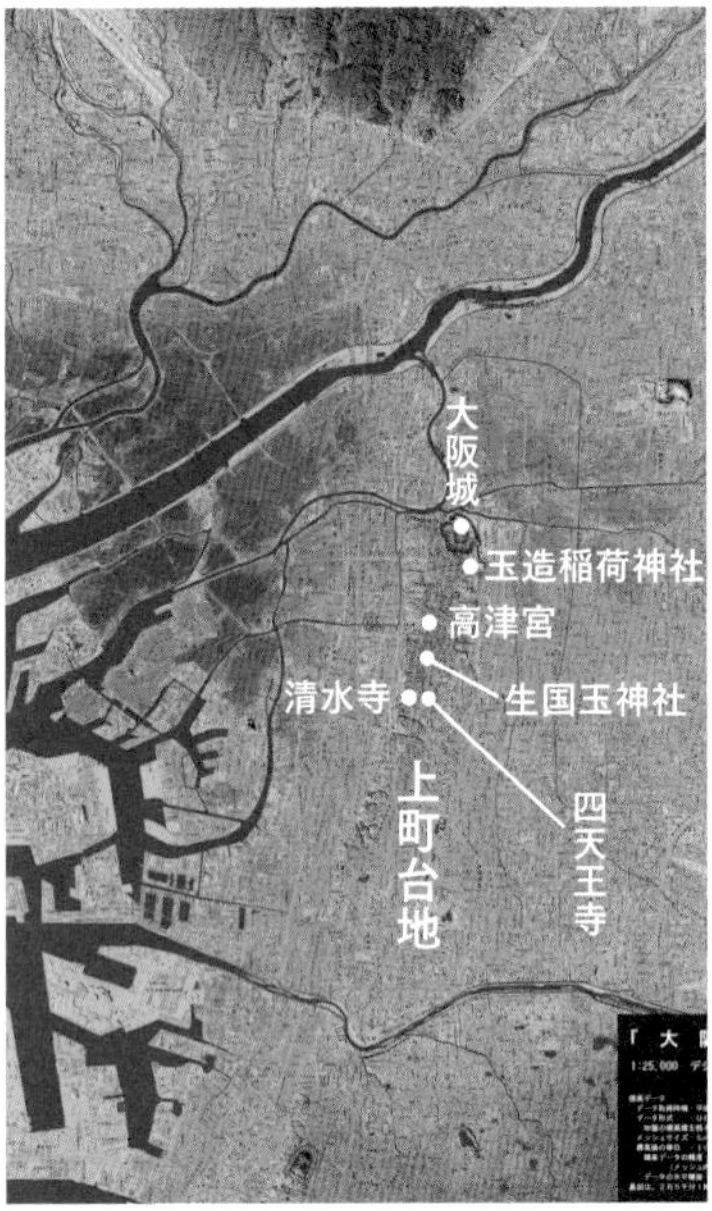

上町台地
国土地理院デジタル標高地形図「大阪」に加筆

たことなどが理由でしょう。

ところで、このように古代から現代にいたるまで歴史の舞台で重要な役割を果たし続けている上町台地は、活断層が生み出した地形です。この活断層は、大阪府豊中市から大阪市を南北に貫いて岸和田市に至る長さ40キロメートルを超える上町断層帯の一部です。日本列島がおおむね東西方向の圧縮力を受けていることを反映して、断層の東側が西側の上へ乗り上げる形の逆断層となっています。地震調査研究推進本部が取りまとめた調査結果によると、断層帯全体が一度に地震を起こした場合のマグニチュードは7・5程度、平均活動間隔は８０００年程度とみられます。最近の研究では、約２４００年前以降に断層の主要部が活動し、弥生時代中期末頃の地形の変化に影響を与えた可能性があると考えられています。（平井）

上町断層帯の位置　地震調査研究推進本部
https://www.jishin.go.jp/regional_seismicity/rs_katsudanso/f080_uemachi/

大阪の地形の成り立ち　「水都大阪コンソーシアム」ウェブサイト記載の図を元にトレース

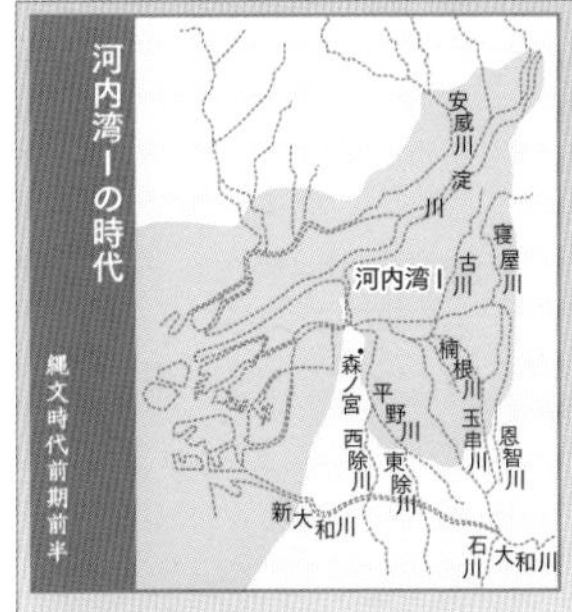

約7000～6000年前
海水面が現在の水位より1～2m高く上昇し、河内平野を覆った水面が、東は生駒山麓、南は八尾、北は高槻付近まで広がっていました。
偏西風の影響のもとに沿岸州が発達し、現在の松屋町筋付近には砂浜が続いていました。

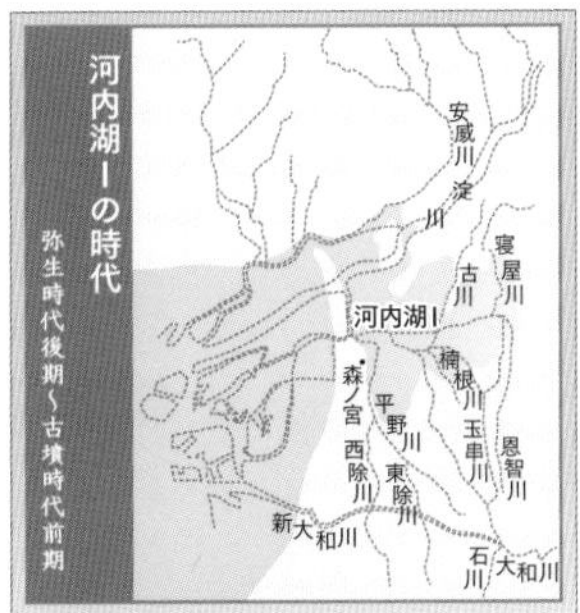

約1800～1600年前
天満長柄の砂州が北へ延びきって、河内平野（河内潟）への海水の流入をさえぎり、河内潟は淡水湖となりました。

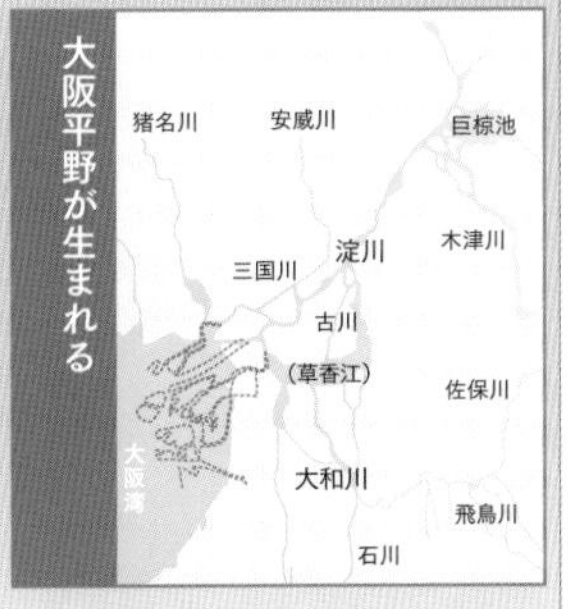

5世紀以降
仁徳期の治水事業により、河内湖の水域が減少するとともに、流入している大和川枝川等が河口に三角州をつくります。そして湿地・草原あるいは堤防敷となり、その後、河内低地の陸地化が始まります。

【9】新田舟入り流れ混雑

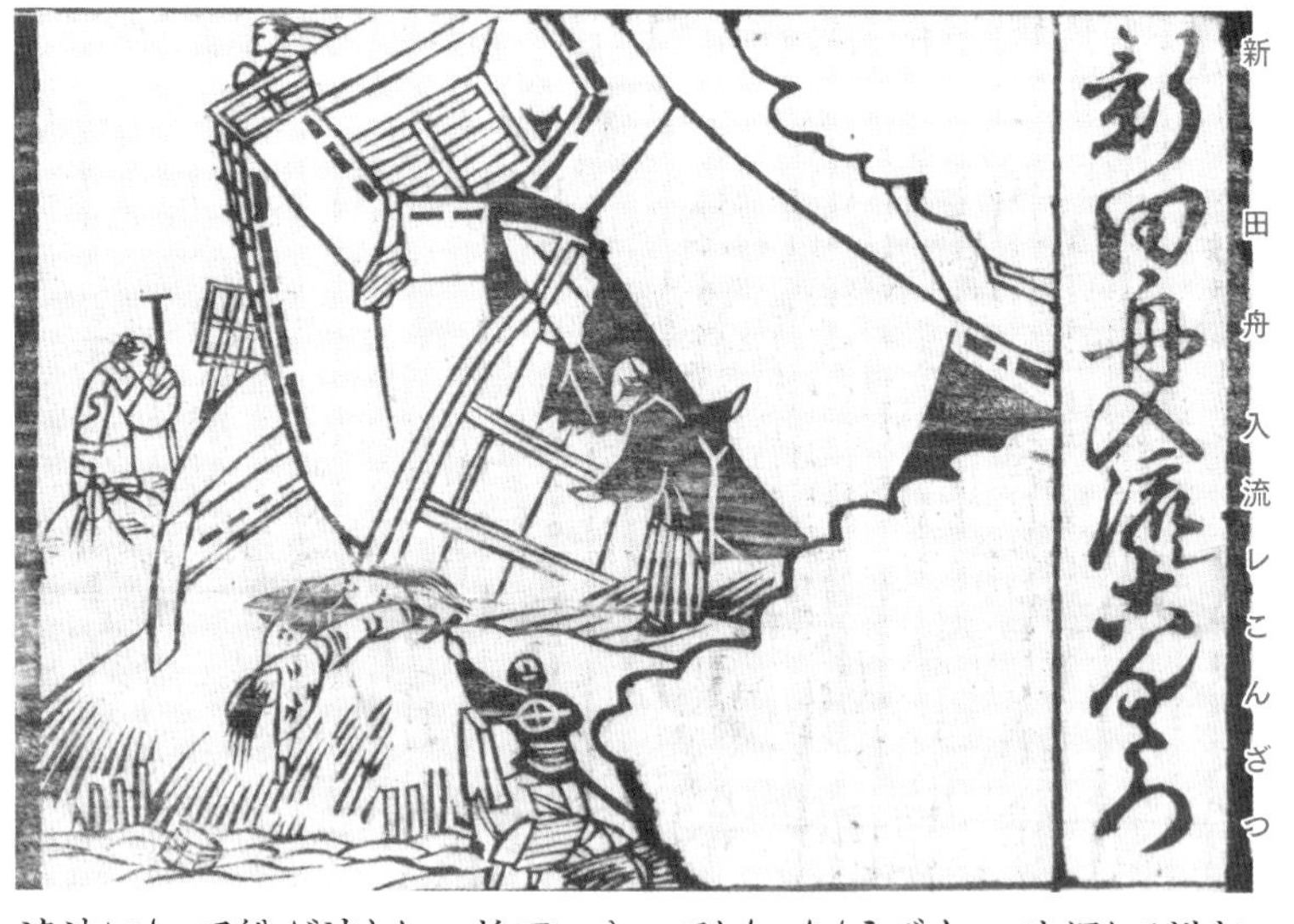

津波によって船が流され、新田へ入ってしまったようです。破損して横転している船、下敷きになってしまった人などが描かれています。

新田とは、新たに耕作地として開発された土地のことです。ここでは、近世初期の検地帳に記された田畑（古田）に対して、その後新たに開発された耕作地をいいます。

江戸時代には、全国で大規模に新田開発がおこなわれました。大坂近辺の場合、宝永元年（1704）に大和川の流路が切り換えられたことによって生まれた土地や、大坂湾岸の浅瀬を干拓することにより多くの新田が開発されました。前者の例としては、豪商の三代目鴻池善右衛門の主導により開発された鴻池新田（東大阪市）が特に有名です。一方、後者についても、現在まで地名として残っている新田が数多くあります。

この項目でいう「新田」がどこの新田を指しているかはわかりませんが、前項までの流れで大坂近辺のものを指しているものと考えると、これら大坂湾岸の新田へ津波が押し寄せた結果、船が流れ込んでしまったものと思われます。その様子は、たとえばかわら版「聞書　諸国並大阪大地震つなみ」（21ページ参照）に、次のように記述されています。

大坂津波

（安政元年）11月4日朝、大地震。詳しくは以下に記す。同5日また、たびたび激しく揺れ、市中の人々が慌てて船へ向かって駆け

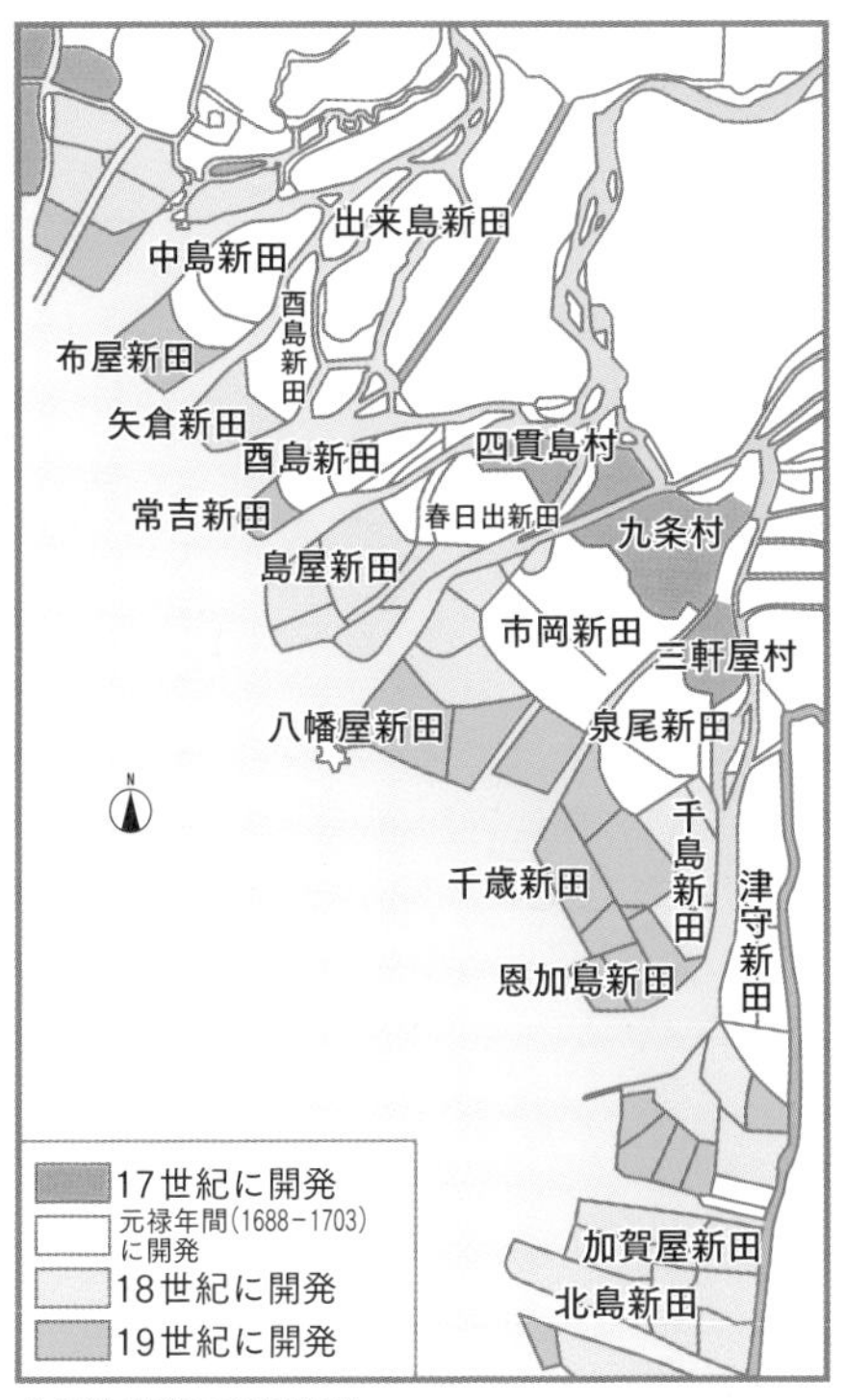

大坂沿岸部の新田開発
大阪市立図書館 市史編纂所ホームページの「新田の開発」を元に作図

現在の大阪沿岸部　地理院地図

出したところ、大津波にて新田やそのほかの島々も水につかり、大船は波に追われ、川筋へ乗り込んできた。

この記述の最後の部分は、【7】「大黒橋津波、亀井橋そのほか落橋」の項目で解説した道頓堀川への津波遡上の内容になっています。

新田へ海水が入ってしまうと塩害が発生し、耕作をおこなうことができなくなってしまいます。しかし、安政東海地震の際に新田への海水の流入を防いだ例もあります。これについては、次ページのトピックで紹介することにしましょう。

鴻池新田会所（大阪府東大阪市）
国史跡・重要文化財

【トピック】道徳前新田を襲った津波

道徳前新田は現在の名古屋市南区の道徳学区一帯にあたり、跡地の一部が道徳公園となっています。周辺が埋め立てられてしまいましたが、当時は西側が海に面し、南側と北側を川が流れていました。

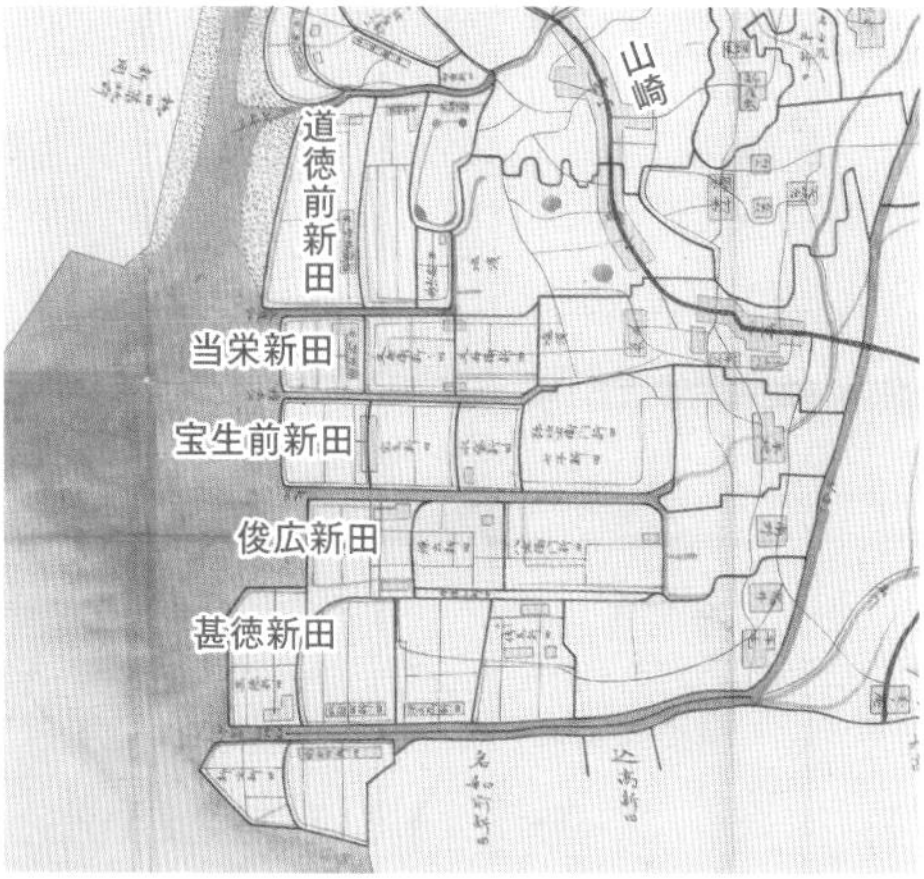

新田を開発したのは尾張国海西郡塩田村（愛知県愛西市）の鷲尾善吉という人物です。善吉は伊勢湾の浅瀬であったこの土地に堤防を築いて取り囲み干拓しました。しかし、風水害による被害が少なくなく、財政的に行き詰まった善吉は文政7年（1824）に新田を尾張徳川家の奥向を担当する御小納戸に譲渡しました。

これ以降新田を管理した御小納戸役所は「道徳前新田御用留」という詳細な記録を残しました。その中に安政東海地震による被害について書かれた箇所があります。

道徳前新田では地震により70軒程あった家屋のうち約半数が全壊・半壊の被害にあいました。また、新田を囲む堤の欠損や地割れもみられましたが、津波が田畑や人家を襲うことはありませんでした。その点について「道徳前新田御用留」には、新田の村人たちが懸命に浸水を防ぎ止めた様子が記録されています。

11月4日朝に地震が発生すると、新田庄屋の山崎村加藤金右衛門の息子で新田庄屋介を務めていた庄九郎は、山崎村（名古屋市南区呼続あたり）から新田まで20町余（約2・2キロメートル）の道のりを駆け付けます。到着してみると家屋の多くが倒れ、村人たちは恐れおののいていました。堤見廻り役を兼務していた庄九郎は堤が気になり、組頭の周右衛門を引き連れて杁のある南側の堤へ向かいます。そこで被害箇所を確認するために堤にのぼって海面を見渡し

道徳前新田周辺地図
尾張志付図 愛知郡　名古屋市蓬左文庫蔵

道徳公園　鷲尾善吉翁頌徳碑

たところ、潮が引き、はるか向こうより高さ2、3間（約3・6〜5・5メートル）もある大波が騒々しく鳴り渡りながら打ち寄せてくるのがみえました。庄九郎は津波が迫っていることを村人に知らせるため周右衛門を走らせ、自分は堤を守るため残りました。しかし、大波が何度か打ち寄せ、もはや堤が決壊する勢いとなったので、自分も人家まで走り、大波にて堤が危うくなっているので女性は老人・子供を連れて山崎村へ逃げるよう声高に叫び廻りました。その一方で男たちには鍬やもっこを持って集まるよう呼び廻りました。

庄九郎が新田の西側、海岸沿いの海用堤に駆け付けたところ、堤は長さ14間余（約26メートル）、高さ7尺程（約2メートル）も震え落ち、波が打ち寄せ、もはや決壊するばかりの状態になっていました。そこに周右衛門をはじめとする男衆が大勢駆け集まってきたので、みなで次々と土を持ち寄り土俵を拵えて、それを積み重ねていきました。そうしていくうちに波の勢いが弱まり、浸水を防ぎ止めることができたといいます。

尾張藩では身命をなげうち海水の流入を防いだ村人たちを誉めたたえ、庄九郎へ苗字帯刀を許し、庄九郎の呼びかけに応じて集まった男衆たちへは働きに応じてそれぞれに褒賞金を与えました。

津波が襲来している前線へ駆け出し堤防の補強をおこなうのは非常に危険な行為であり、現在では勧められることではありません。このときも道徳前新田の南に位置した当栄・豊宝（宝生前）・大江（俊広）・甚徳の4新田の堤が決壊しました。道徳前新田が助かったのは、この4新田の堤が一挙に決壊したことで津波の勢いが弱まったという偶発的な要素も大きかったのです。

庄九郎たちの行為を現代的な価値観から非難することはできませんが、かといって一様に誉めたたえることも慎まなくてはなりません。

それよりも津波が来ると知り、女性や子供・老人を真っ先に避難させたことは、もっと注目してよいと思います。

新田庄屋の加藤金右衛門は、山崎村に避難してきた者たちを一家総出で世話しました。戸障子や筵張りで仮小屋を設え、貯えておいた白米を用いて炊き出しをおこない、粥や汁・香の物を振るまったといいます。尾張藩は金右衛門に対しても、慈愛の志をもって急難を救った行為は奇特であるとして、金500疋を与えて褒賞しました。（石川）

道徳公園の月見池

道徳公園クジラ池噴水
国の登録有形文化財（建造物）

【10】越前敦賀地震、そのほか北国

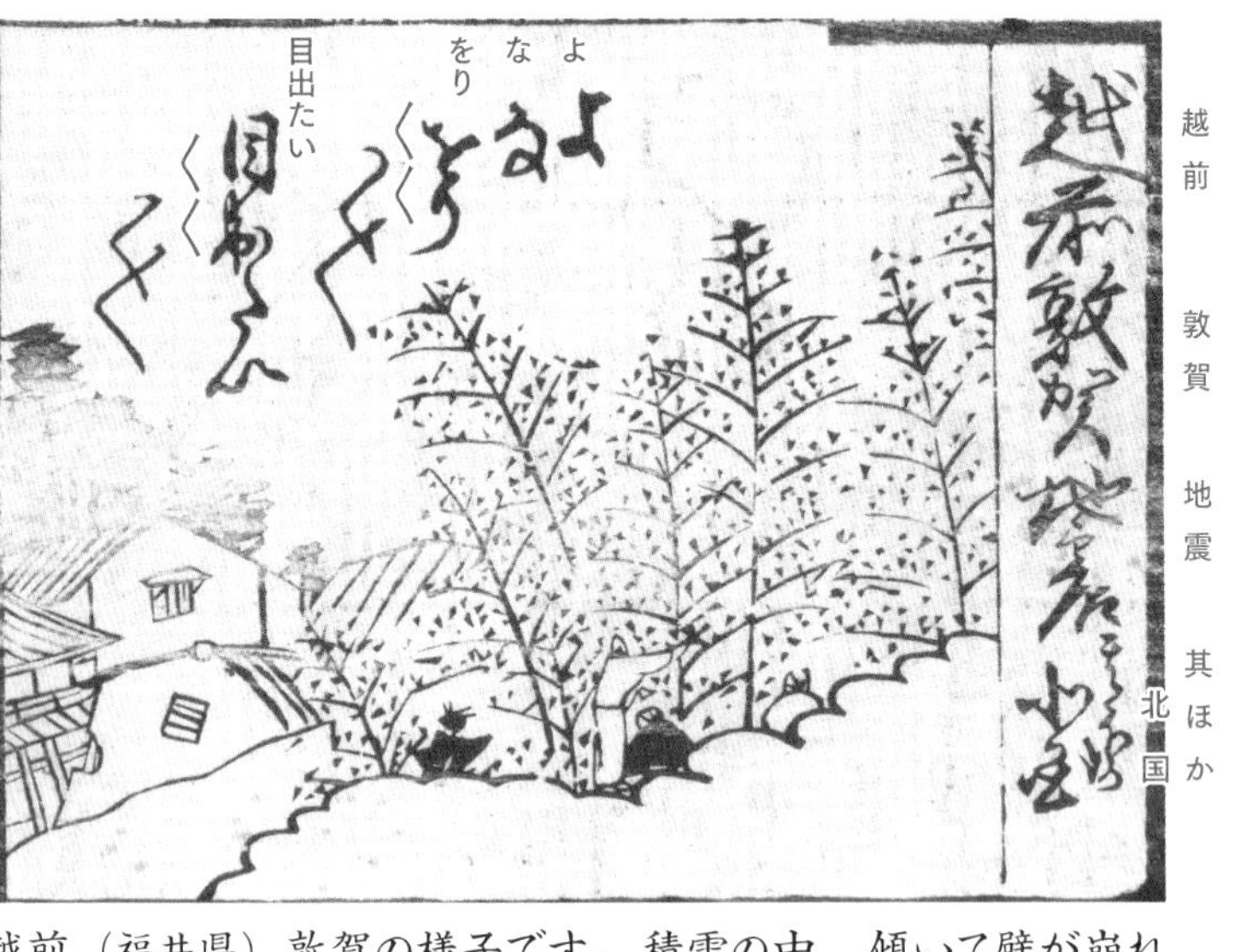

越前（福井県）敦賀の様子です。積雪の中、傾いて壁が崩れ落ちている家屋が見えます。右側に描かれているのは、避難してきた人が林の中から様子をうかがっているところでしょうか。

越前は現在の福井県東部を指す旧国名であり、敦賀はそのまま現在の福井県敦賀市にあたると考えてよいでしょう。北国は、一般的に古代の律令制における五畿七道のうち北陸道に属した諸国、すなわち若狭・越前（福井県）、加賀・能登（石川県）、越中（富山県）、越後・佐渡（新潟県）の総称です。

図は、積雪の中での地震被害を描いています。「よなおり〳〵〳〵」「目出たい〳〵〳〵」の文字は、「かわら版すごろく『諸国大地震大津波末代噺』の概要」（10ページ）でも触れた通り、大坂のかわら版によくみられる言葉です。

南海トラフの巨大地震は、西南日本の太平洋側が震源域となります。しかし、マグニチュード8を超える非常に大規模な地震であるため、その揺れは日本海側にまで及びます。それに加えて、安政東海・南海地震の場合は、発生時期が11月4日と5日であり、現在の暦に換算すると12月23日と24日、すなわち真冬であることに注意しましょう。冬の雪国であれば、積雪や降雪があることは十分に考えられます。実際、安政東海地震が発生したとき、敦賀では少なくとも3尺（およそ1メートル）ほども雪が積もっていたという記録があります。「越前敦賀吉田宗左衛門書状」という手紙に、次のようなことが記されています。

去る4日（安政元年11月）朝、深雪のなか大地震に見舞われ、身動きが取れず、みな困り果てた。つぶれた家、即死した人もあり、恐ろしい限りであった。しかしながら、我々の一族は無事に避難することができたので、安心してほしい。あなたのところでは格別のことはなかったと聞いているが、こちらは3日夜に3尺（約1メートル）、山手では5、6尺に及ぶ積雪があった。その後も悪天候が続き、山手では1丈（約3メートル）に達したところもあると聞く。そのため、周囲の消息はいっこうにわからない。

また、翌日には安政南海地震による強い揺れがあったため、人々は恐ろしくなって10日、11日頃まで仮小屋をつくって寝泊まりしました。しかし、これも深雪に囲まれての仮住まいであり、想像を絶する寒さだったでしょう。

その他の北国の各地はどうだったのでしょう。たとえば越前の福井城内では建物の被害113軒、町屋の損壊は155軒、在方の損壊は327軒、けが人20人、死者4人と集計されています。余震と思われる揺れは日に7、8度ずつ、11月中旬まで続きました。敦賀郡疋田（ひきだ）村では雪の中に掘立小屋をつくって5、6日間を過ごし、敦賀町では壁にひびの入らなかった家はなかったといいます。また金沢では、近世でもっとも著しい被害を生じた地震は寛政11年（1799）5月26日の金沢地震（マグニチュード6前後の内陸地震と推定されています）ですが、安政東海・南海地震でもそれに次ぐ被害があったようです。

安政東海地震発生時の積雪の深さ
単位はセンチメートル。＊は深さ不明ながら積雪があったことを表す。ローマ数字は推定震度。
水田敏彦・鏡味洋史「積雪期の被害地震の文献調査—1854 年安政東海地震の雪に関わる被害に着目して」

雪景色の敦賀

【11】

尾州名古屋

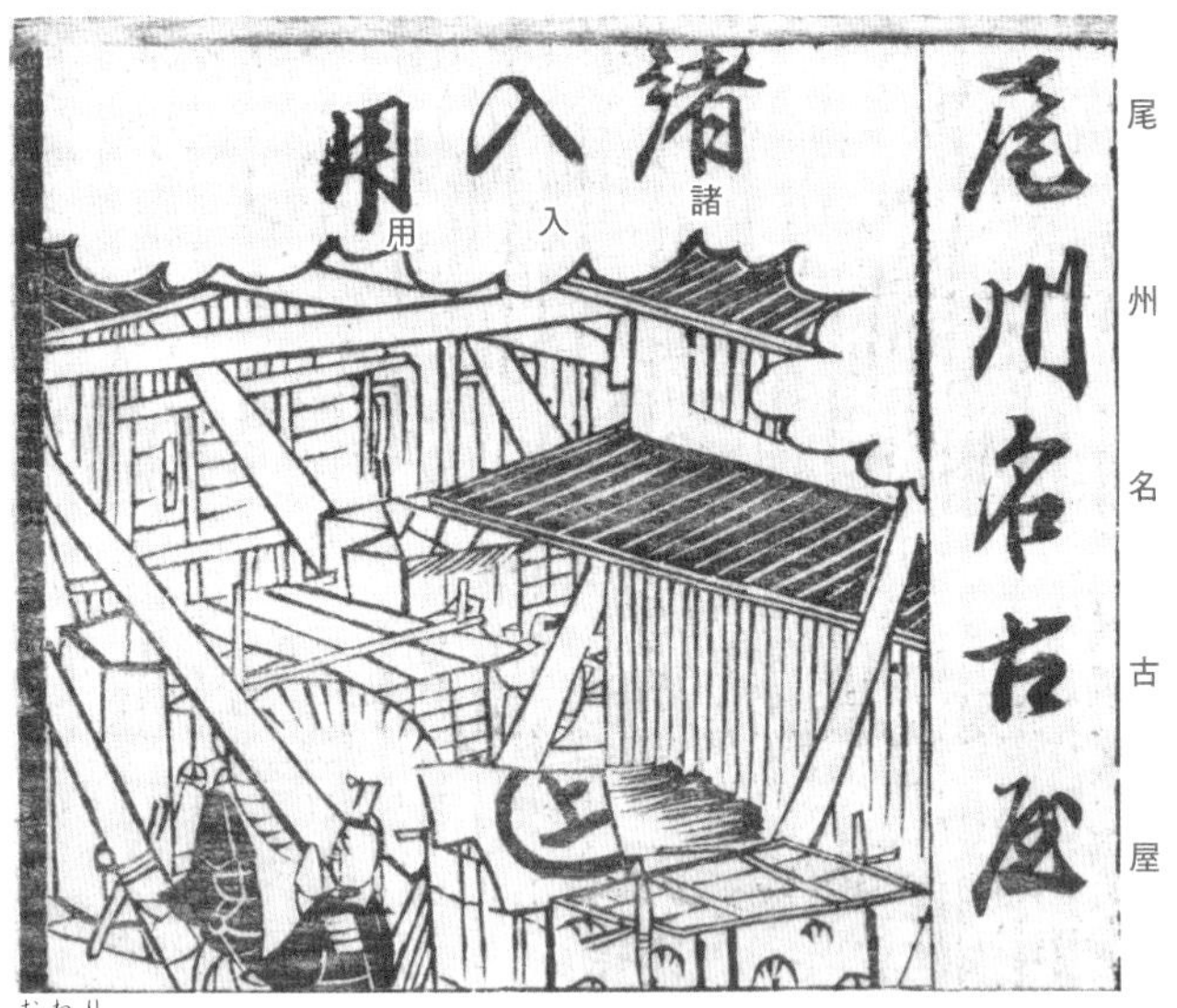

尾張（愛知県）名古屋の様子です。建物は倒壊していませんが、斜めのつっかえ棒で補強してあります。提灯を持って見回りをしている人がいます。

尾州とは尾張国、すなわち現在の名古屋市を含む愛知県西部のことです。図中に描かれているのは名古屋の城下町であると思われます。ここでは建物は倒壊していませんが、斜めのつっかえ棒が仕掛けてあり、これで建物を支えているようにも見えます。上部には「諸入用」とあり、最悪の被害には至っていないにしても、いろいろとお金が必要になるような状態であったことがわかります。

『新修名古屋市史』にまとめられているところでは、この地震による尾張藩領の被害は全壊およそ1200軒、半壊1500軒以上というものでした。ただし、主に被害を生じたのは伊勢湾岸部の村々であり、名古屋城下では家屋の全半壊は18軒と比較的軽微であったようです。

古文書をひもとくと、たとえば当時の尾張藩士、小川円次郎による「小川家文書」には、名古屋の城下町とその周辺の被害状況について次のように記されています。

4日朝より大地震。なおまた5日夕方にも大地震があり、まことに騒動した。名古屋城下・町中では多くの被害があり、中には倒れた家もあった。石灯籠などは残らず倒れた。町の人々は片端・広小路・そのほか寺院の門前などに小屋を建て、食物を調達して、昼夜避難生活を送った。

小川家文書では、この後に城下および近辺の寺社の被害状況を詳細に記してあり、その様子から各地の震度を推定することもできる内容になっています。

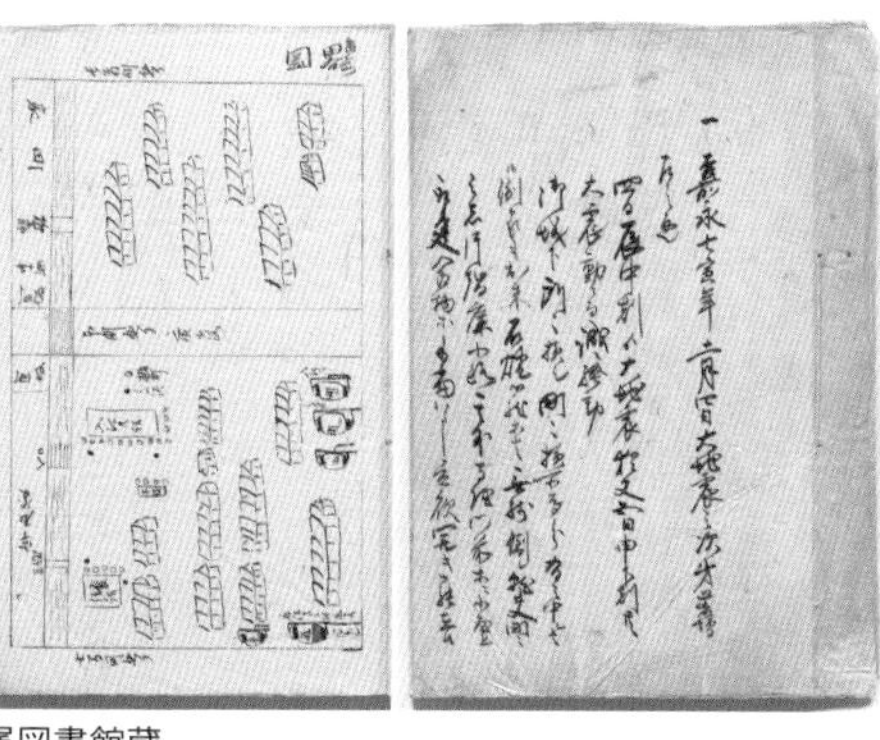

小川家文書　名古屋大学附属図書館蔵
安政東海地震に関する尾張藩士の記録です。

他にも、尾張藩士の奥村得義による記録『松濤棹筆』には、彼が名古屋で体験した安政東海地震の様子が克明に記されています。

> 辰中刻（朝）、西の方からどよめくような音が聞こえ、突然障子が揺れだした。たちまち家の柱・天井・壁ともガタガタメキメキと大きな音を立て始めた。足袋のまま草履も履かず東の庭へ走り出た。家の揺れ方はギシリギシリと大勢で押しているかのようであり、瓦のはずれ落ちる音がガラガラと聞こえた。揺れが弱まり止むかと思ったらまた強い揺れとなり、3度目にはもはや家がつぶれるかと思ったが、何とか持ちこたえた。揺れがやんだときには辰下刻になっていただろうか。

ここでは、実際に体験した者でなければ書けない真に迫った描写がなされています。辰の中刻に揺れ始めて、辰の下刻に揺れが収まったということは、およそ40分間にわたって揺れ続けていたことになります。マグニチュード8・4の巨大地震による揺れとしてもあまりに長すぎるので、さすがに誇張と考えられますが、あるいは本震の直後に発生した余震なども含めてこのように記しているのかもしれません。また、揺れが収まるかと思ったらまた強くなるというように、何度も強い揺れに襲われたことが読み取れます。これは震源断層の強震動生成域が離れて複数存在していたことを反映しているとも考えられます。このような揺れ方は、平成23年（2011）の東北地方太平洋沖地震においても観測されました。

なお、『松濤棹筆』には、11月3日に雪が降り、4日には1〜2寸（3〜6センチメートル）積もっていたことも記されています。名古屋で雪が降るのは、いわゆる西高東低の冬型の気圧配置により大陸からの季節風が福井県・滋賀県・岐阜県あたりを越えてきたときです。このとき、季節風に直接さらされる北陸地方ではさらに強い降雪があるもので、このことからも前項「越前敦賀地震、そのほか北国」で紹介したような大雪の状況があったことが推察されます。

【12】志州鳥羽辺（ししゅうとばあたり）

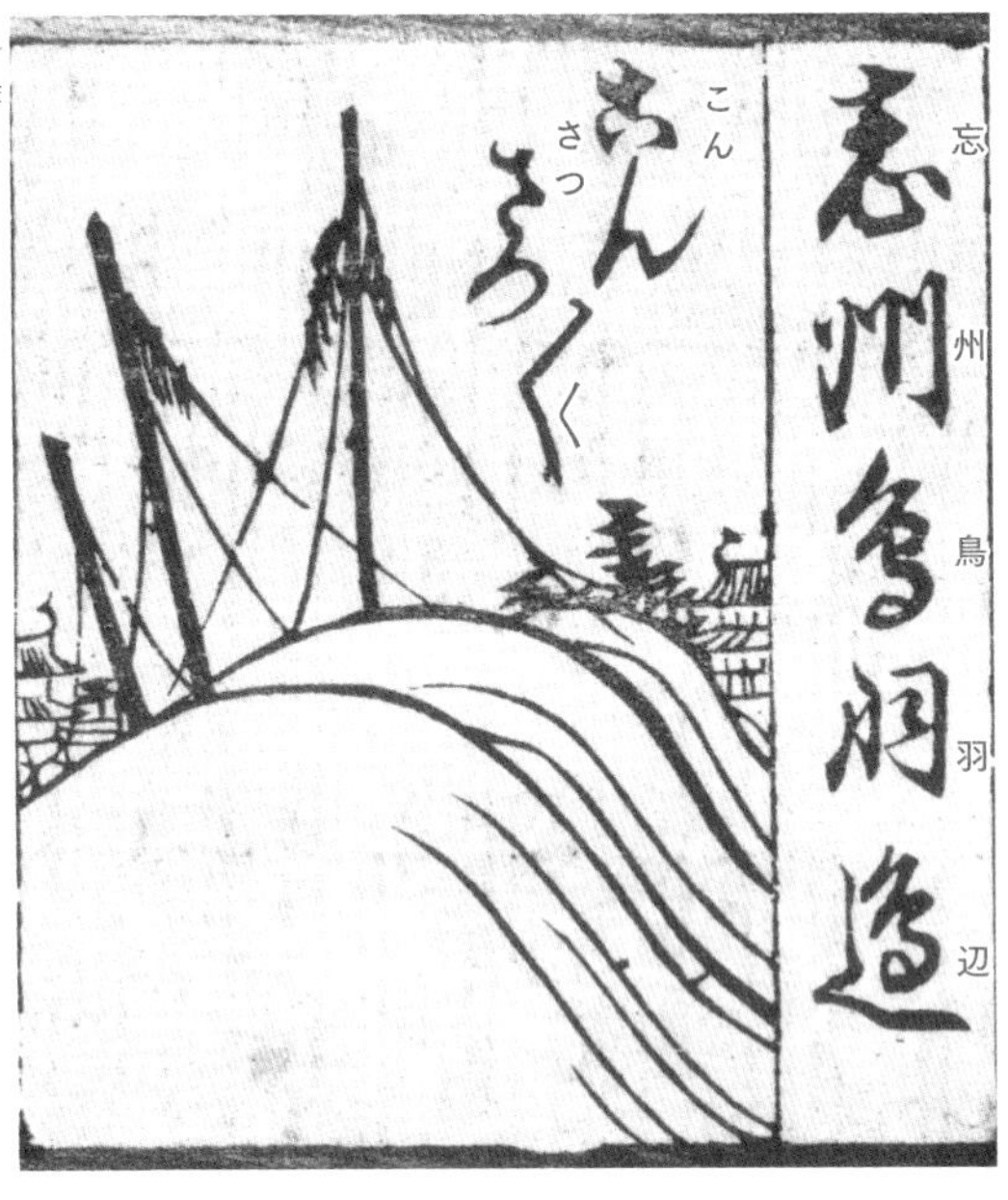

志摩（しま）（三重県）鳥羽の様子です。大きな波に翻弄される船の帆柱、奥には石垣の上に鳥羽城と思われる建物が描かれています。鳥羽城は、この地震により天守をはじめ多くの建物が倒壊し、修理を終えないまま明治維新を迎えました。

志州は志摩国のことで、現在の三重県中部、紀伊半島から東へ突き出した志摩半島の先端部分を指します。8世紀頃までは「島国」という表記もなされており、志摩半島から熊野市あたりにかけての複雑に入り組んだ海岸線と島々に由来する国名と考えられます。

一般的に、宝永4年（1707）の宝永地震が史上最大の南海トラフ地震であり、それと比べれば安政東海地震などはひとまわり小さい地震であるといえます。しかし、志摩地域に関しては宝永地震よりも安政東海地震による被害のほうが大きかったようです。

また、沿岸部の漁民が地震の揺れから逃れようとして、あるいは津波による船の流失を防ごうとして船に乗ったところ、船ごと津波に呑まれて溺死してしまった人が多くいたようです。鳥羽での安政東海地震による津波の高さは15尺（およそ5メートル）と推定されています。また、津波は太平洋を伝わってアメリカ西海岸に達し、サンフランシスコで高さ1フィート弱が観測されました。近年でも、平成23年（2011）の東北地方太平洋沖地震による津波がやはり太平洋を横断し、南北アメリカ大陸の西海岸に達しています。

さて、先述の通り、志摩半島の海岸線は入り組んでおり、わが国有数のリアス海岸となっています。この地域では、陸地が長い間に沈降して、河川や谷筋であったところへ海水が入り込んだ結果、岬や入江が多い地形になりました。対して、志摩半島の南側にあたる的矢(まとや)湾・英虞(あご)湾・五ヶ所湾のあたりでは、陸地が隆起した後で波浪によって削り取られた海食崖(かいしょくがい)や海食洞といった特徴的な地形がみられます。鳥羽市・伊勢市・志摩市・南伊勢町の範囲は、伊勢志摩国立公園に指定されています。

リアス海岸は美しい景観と豊かな水産資源に恵まれていますが、一方で津波が高くなりやすいことでも知られています。細く奥まった湾へ津波が入っていくと、相対的に狭い領域に津波のエネルギーが集中するため、必然的に津波が高くなります。東北地方太平洋沖地震の際には、同じくリアス海岸を有する三陸地域を中心に、太平洋側の広い範囲で非常に高い津波が観測されました。

安政東海地震の推定震源域と志摩半島の位置関係　地理院地図

志摩半島・鳥羽の位置　地理院地図

鳥羽の海辺の風景

【13】京・木津（きづ）・奈良・大津

建物につっかえ棒を取り付けている様子や木材を運ぶ人が描かれ、上方に「作料」と書かれています。建物に損傷が生じたため、修繕のための費用が必要になるということでしょう。

京はもちろん京都のことです。木津は現在の京都府木津川市中心部を指しています。奈良はいうまでもありません。大津は琵琶湖（びわこ）の南西端にある滋賀県の県庁所在都市です。京都と奈良はもっとも有名な古都ですが、大津もまた天智天皇が大津宮への遷都をおこなって以来の古都であり、近世においても琵琶湖水運の拠点かつ東海道の宿場として重要な役割を担っていました。木津は、三重県の青山高原に源を発してやがて淀川に合流する木津川の中流域に位置する町です。古代には、木津川は木材運搬の動脈で、木津はその要衝でした。すなわち、「木の津（港）」という意味です。奈良の都や大仏殿を造営するための木材も、木津川を使って輸送され、木津の町を経て運ばれたといいます。近世には、京都と奈良を結ぶ奈良街道の宿場としても栄えました。近代以降は木津川の舟運はすたれましたが、京都・奈良・大阪へと通じる鉄道や道路の結節点であるため発展し、近年では関西文化学術研究都市の一翼を担うようになっています。

京都・木津・奈良・大津は、いずれも安政東海・南海地震による被害が特別目立つものではなかったようです。もちろん、被害がなかったわけではありません。震源域に近い太平洋岸の地域などと比較す

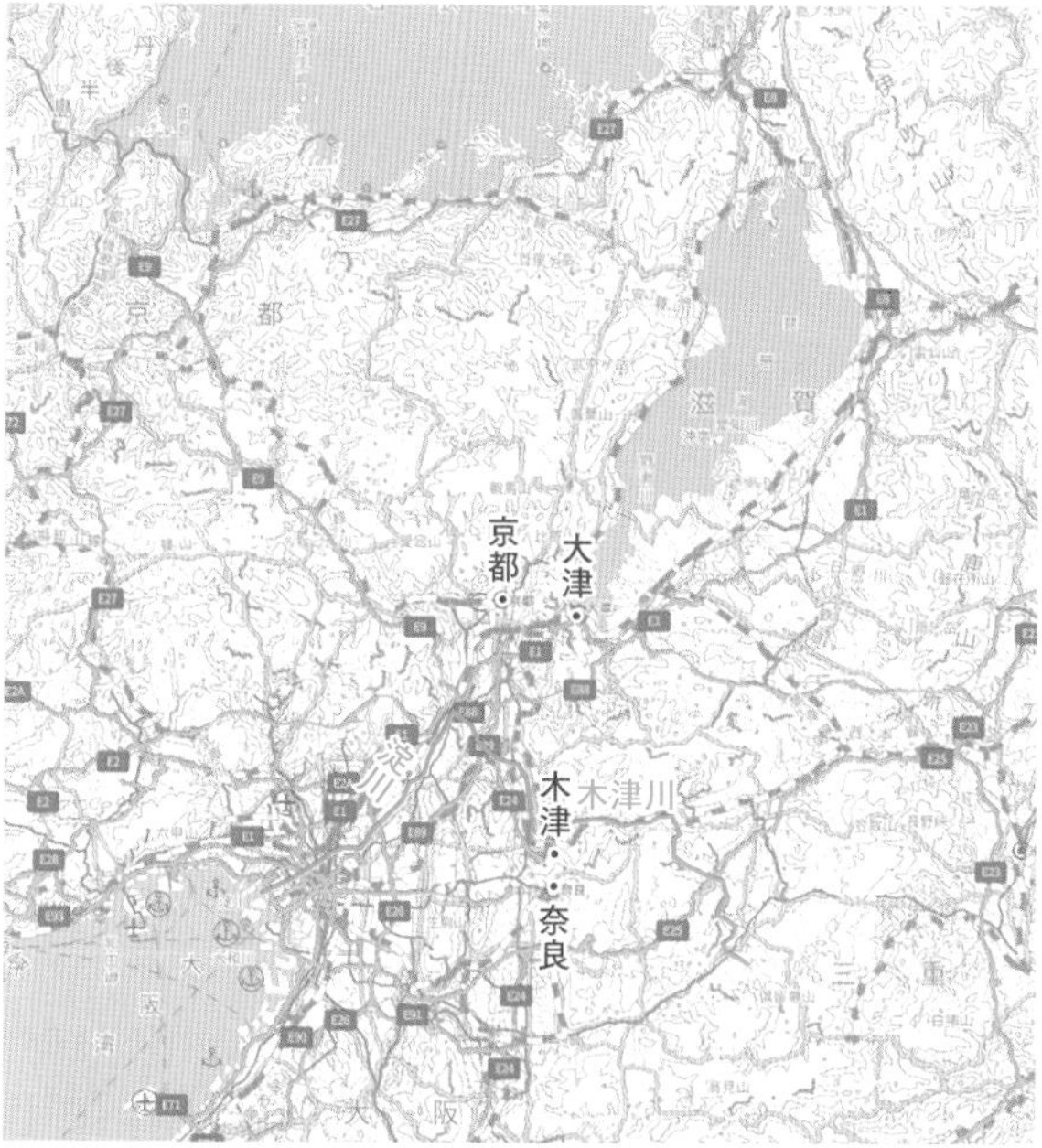

ると、被害が他の災害と比べてぬきんでて大きいものではなかったということです。

　もっとも、幕末のこの頃は、全国的に災害や事件が相次いだ時期でした。安政元年（1854）4月6日に京都で大火があり、御所が全焼したほか、上京地域一帯が被災しました。御所が炎上したのは天明8年（1788）以来のことであり、この大火で5000軒以上が焼失したといいます。追い打ちをかけたのが同年6月15日の伊賀上野地震と閏7月14日の地震で、これらの地震により、土蔵・石灯籠などで無事なものはないというほどの被害を生じました。この後、9月にロシアの使節プチャーチンがディアナ号で大坂へ入港するというできごとが起こります。そして11月4日・5日には安政東海・南海地震が発生しました。こうして、世情不安のまま、京都の安政元年は暮れていきました。

京都・木津・奈良・大津周辺　地理院地図

　木津に関しては、安政東海・南海地震による被害について、特段の記録はないようです。そのかわり、木津は洪水の常襲地でした。西進してきた木津川が流向を北へ変えるとともに、山田川などの支流が合流するところの南西部に木津の町があります。そのため、河川交通に抜群の利便性を発揮した木津川が、ときに町を水浸しにしてしまうこともあったようです。記録に残るものとしては、江戸時代を通して少なくとも35回、およそ7年に1度の割合で洪水の被害がありました。

　奈良については、安政東海・南海地震よりも、震源が近い伊賀上野地震によって大きな被害を生じました。元興寺の五重塔（安政6年焼失）、の瓦が落ち、春日大社の石灯籠も多くが倒壊したようです。奈良の町の死者数は、記録によってさまざまですが、多いもので300人余とするものがあります。

　大津については、伊賀上野地震では坂本（比叡山延暦寺および日吉大社の門前町）の寺社で門・鳥居・拝殿などが崩れ、安政東海・南海地震では城の塀や門が破損したという記録があります。ここでもやはり、安政東海・南海地震よりも伊賀上野地震の方が揺れは強かったようです。

【コラム】清須（きよす）越しと名古屋城下町の成り立ち

江戸時代、尾張（おわり）国は名古屋を中心に栄えましたが、もともとは清洲（きよす）城とその城下町（現在の愛知県清須市）が中心でした。しかし、慶長５年（1600）の関ヶ原の戦いの後、大坂の豊臣氏の勢力に対抗する必要のあった徳川家康が、慶長 14 年（1609）から熱田台地の上に新しい城と城下町を築き始め、尾張国の中心はそちらへ移りました。これが名古屋の町であり、この移転を清須越しといいます。このような大規模な都市の移動をおこなった背景には、軍事的な理由のほかに、清洲が低地であったために水害が多かったことや、天正 13 年（1586）の天正地震で地盤が液状化したこともかかわっているといわれます。

名古屋周辺の標高分布をみてもわかる通り、名古屋城は熱田台地の北西の端に建設され、ここを頂点とする直角二等辺三角形の形に城下町が広がっていました。また、熱田台地の南端に熱田神宮があります。古代には濃尾平野の西部は大部分が海であり、江戸時代においても熱田神宮の目の前に海岸線がありました。一般的に、台地の上は地盤が強固で地震の揺れが増幅しにくいところが多いことがわかっています。安政東海・南海地震による名古屋城下や熱田神宮の被害は比較的少なかったことがわかっていますが、それはこうした堅固な地盤に立地していたことが理由のひとつです。（平井）

名古屋周辺の標高
国土地理院デジタル標高地形図「名古屋」に加筆

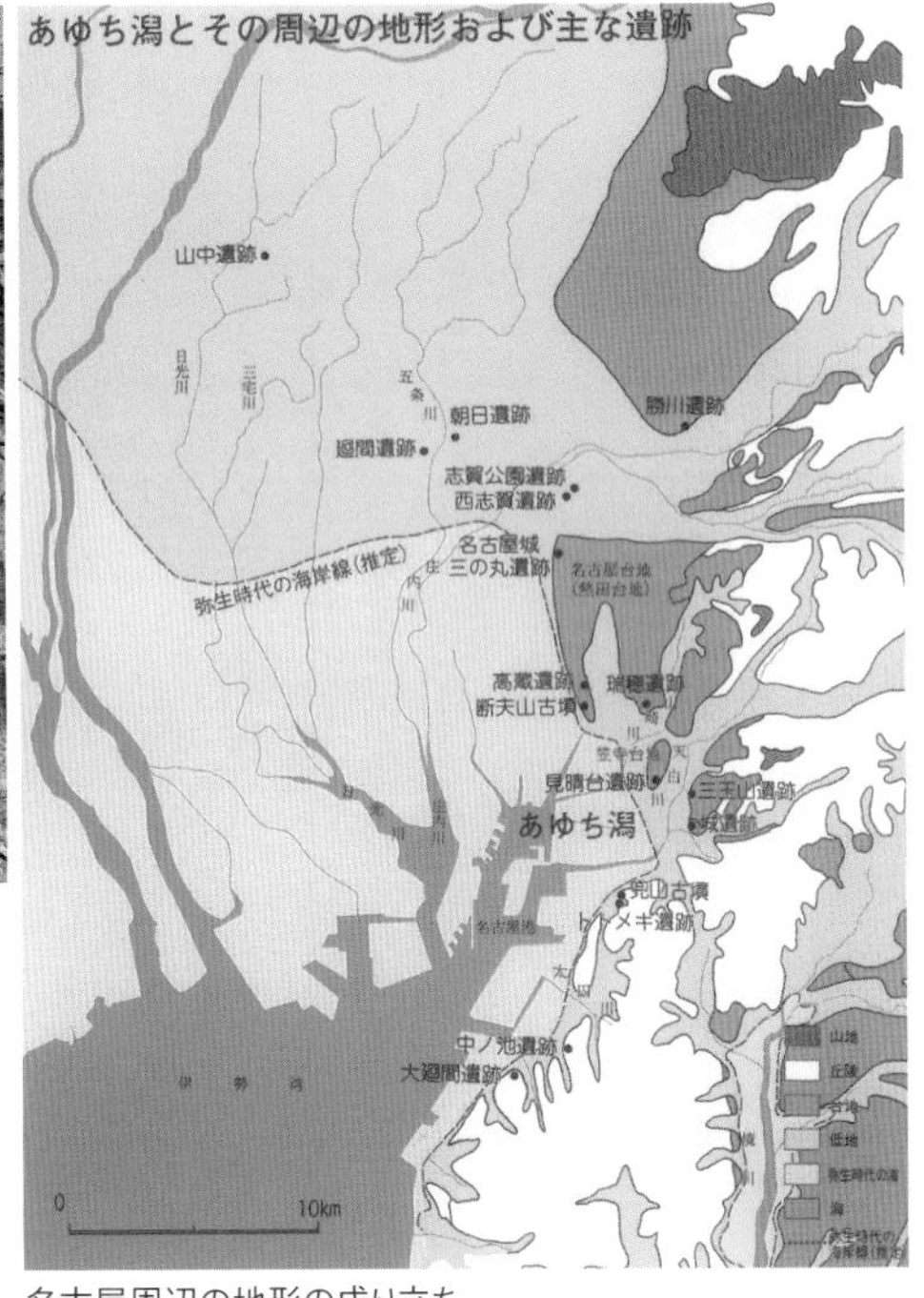

名古屋周辺の地形の成り立ち
「あゆち潟の考古学」名古屋市博物館

【コラム】近畿地方の活断層

【13】「京・木津・奈良・大津」の項目に挙げられている京都や奈良は、わが国でもっともたくさんの被害地震の記録が残っている地域です。これは、古くから栄えた文化の中心地であり、数多くの文書記録が残っているためです。

しかし、おそらく理由はそれだけではありません。実際のところ、近畿地方は日本列島の中でもっとも内陸の活断層が集中している地域でもあるのです。この活断層密集域は「新潟ー神戸ひずみ集中帯」という地震発生数の多い領域の西端部に属しており、かつ南側は中央構造線断層帯の一部に重なっています。

有名な清水寺がある京都の東山や、大阪府と奈良県を隔てる生駒山も、活断層のはたらきによって形成された山地です。また、琵琶湖は琵琶湖西岸断層帯の活動によって維持されている断層湖です。都市直下の活断層による地震の恐ろしさは平成７年（1995）の兵庫県南部地震に起因する阪神・淡路大震災を見れば明らかですが、一方で、こうした活断層のはたらきが地形を形成し、その大地の上で営まれる文化や歴史を方向付けるとともに、豊かな景観や自然環境をつくり出しています。（平井）

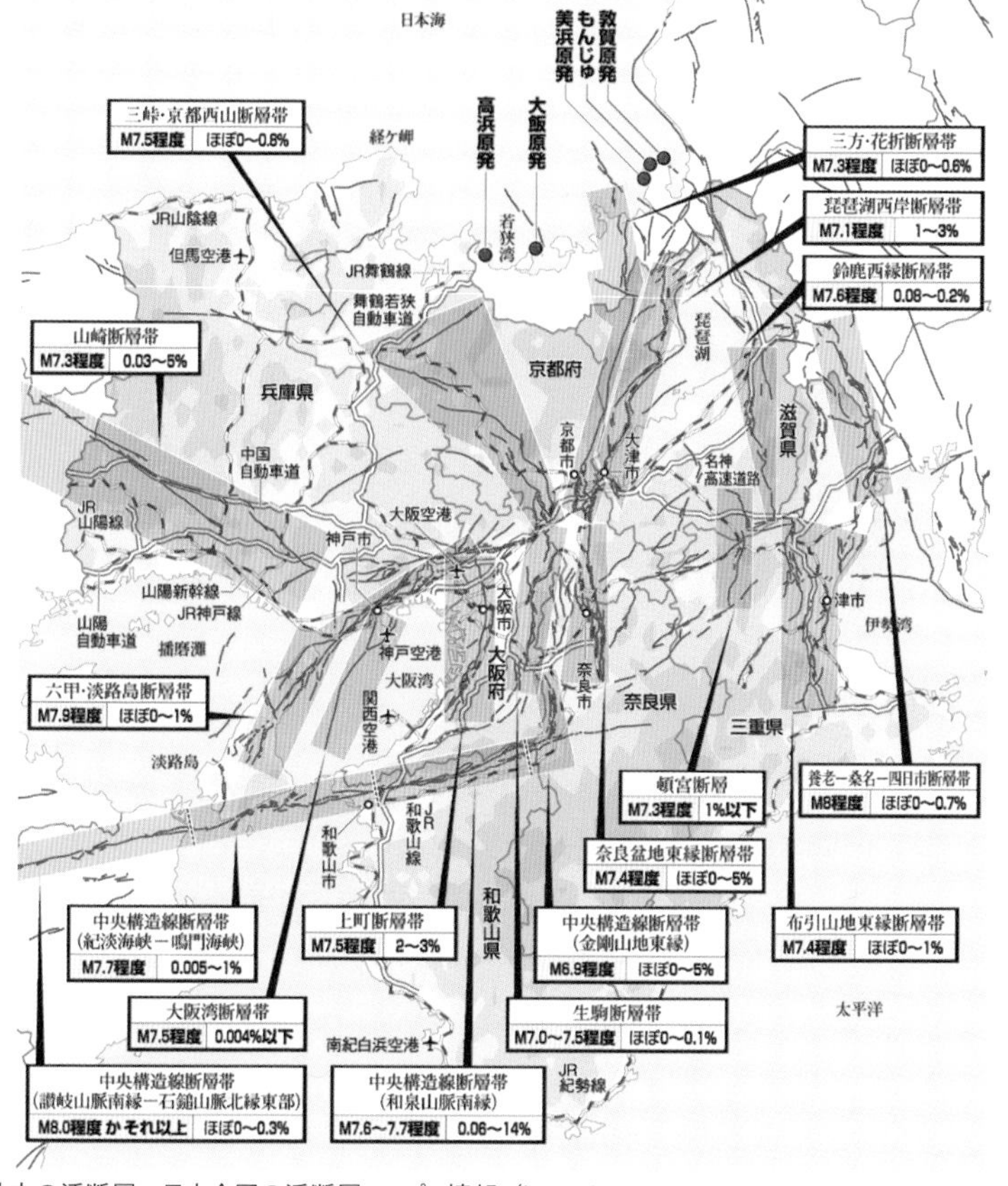

近畿地方の活断層　日本全国の活断層マップ・情報（http://imart.co.jp/katu-dansou-japan.html）

14 宮・桑名

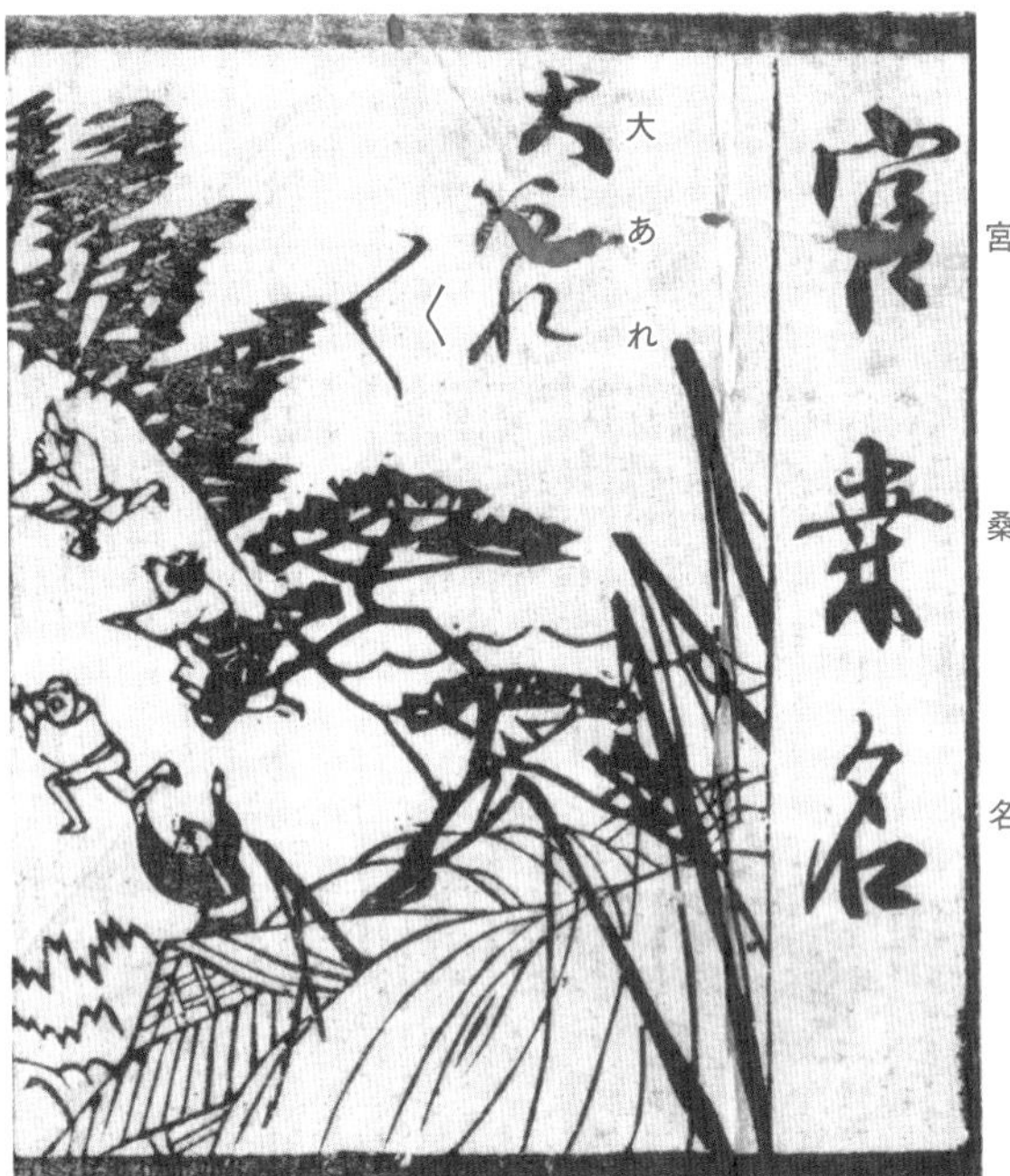

東海道の宮宿（名古屋市）と桑名宿（三重県桑名市）の様子です。津波が迫り、高台へ駆けあがる人々が描かれています。

東海道の宮宿と桑名宿を示しています。宮宿は、現在の名古屋市熱田区にある熱田神宮の門前町がのちに東海道の宿場としても発展したものです。宿名の「宮」はもちろん熱田神宮に由来します。一方、桑名宿は現在も三重県桑名市としてその名を残しています。元和2年（1616）以降、東海道の行程のうち、この両宿の間は海路で通行していました。この部分の距離がおよそ7里（約28キロメートル）であったため、この海路および両端の渡船場を「七里の渡し」と呼びます。現在、熱田側と桑名側それぞれの渡船場の跡地が、史跡として整備されています。

熱田と桑名では、それぞれ安政東海・南海地震によってどのような被害が発生したのでしょうか。たとえば、尾張藩士の小川円次郎による「小川家文書」（名古屋大学附属図書館蔵）には、次のような内容が記されています。

熱田の揺れは名古屋城下より強く、浜御殿・熱田役所は半倒れになった。津波は浜鳥居の前まで押し寄せた。人々は熱田神宮へ避難し、昼夜にわたって神に祈り続けた。風評を集め聞くところでは、他国、特に東海道沿いは当国（尾張）より強い揺れに見舞われたようだ。しかしながら、熱田神宮の境内にはとりたてて被害はなかった。

浜御殿と浜鳥居は現存していませんが、当時熱田神宮の南側の海辺にあったものです。このほか、西浜御殿や熱田奉行所も大破、伝馬町の白本陣といった建物も倒壊しました。さらに、熱田から名古屋城下まで開削された運河である堀川をさかのぼった津波は、尾頭橋（名古屋市中川区）あたりまで達しました。

　桑名については、伊賀上野地震による揺れは震度5～6程度、安政東海地震による揺れは震度5程度と推定されています。やはり震源の近い伊賀上野地震による被害が大きく、桑名城の櫓や塀が潰れたほか、家屋や土蔵にも全潰したものが多くありました。

　ところで、現在、JR関西本線・近鉄名古屋線・国道1号などはいずれも名古屋と桑名をほぼ直線的に結んでいます。一方、江戸時代は、名古屋または熱田と桑名を移動するのに、七里の渡しの船に乗るか、佐屋街道で北へ迂回していました。街道が直線的に整備されなかったのは、この地域の地盤が軟弱だったためです。

　これには、養老断層の存在が大きく関係しています。養老断層は養老・桑名・四日市断層帯の一部で、桑名市付近から北北西へ延びており、西側が隆起、東側が沈降するような動きをしています。これにより、西側では養老山地が形成されるとともに、東側では沈降したところへ木曽三川（木曽川・長良川・揖斐川）が流れ込んで土砂が堆積し、濃尾平野が形成されました。そのため、濃尾平野西側の地域は総じて標高が低く、しばしば水害に見舞われてきました。一方で、堤防で囲まれた輪中と呼ばれる集落などでは、水の利用と防災が一体化した独特の文化が育まれました。

尾張志付図　熱田　名古屋市蓬左文庫蔵

現在の七里の渡し（名古屋市熱田区）

【15】東海道小夜の中山

東海道の難所として知られた小夜の中山です。図中上方に「釣鐘建立」と記され、下方では崩れた建物を見て僧侶が嘆いています。鐘楼（釣鐘堂）が倒壊してしまったのでしょう。

小夜の中山は、静岡県掛川市にある峠の名前です。佐夜の中山とも表記され、読み方も「さよ」・「さや」二通りがあります。江戸時代の掛川藩の地誌『掛川誌稿』では、小夜の中山という名前の由来について次のように記されています。

> 日坂より菊川に至る道を小夜の中山という。その道の両側は山に挟まれ、左右の谷間ははなはだ狭い。「佐夜」は「狭谷」である。その中間にある山なので、狭谷の中山と名付けられたのである。昔から佐夜・小夜などと書くのは、仮の字である。

また、これとは別に、「小夜」は「塞る」の語幹が固有名詞化したもので、悪いものをさえぎる「塞の神」を祭る峠であるという説もあります。

この峠は、東海道の金谷宿と日坂宿の間にあり（57ページ下段の図を参照）、箱根峠や鈴鹿峠と並ぶ難所として知られていました。頂上には真言宗の久延寺、西側山麓の日坂宿には事任八幡宮があり、多くの旅人が安全祈願のために立ち寄っていました。現在は、頂上に小夜の中山公園が整備され、ハイキングや史跡散策のコースとして親しまれています。なお、金谷宿と日坂宿については、後の項目にも登場しますので、そちらを参照してください。

　さて、小夜の中山には、「夜泣石」の伝説が残されています。この話は、万治2年（1659）の浅井了意の著書『東海道名所記』、寛延元年（1748）の欣誉による仏教書『小夜中山霊鐘記』、文化2年（1805）の曲亭馬琴の著書『小夜中山復讐石言遺響』、安永2年（1773）の西村白烏の随筆『煙霞綺談』など複数の文献に記されており、少なからず異同がみられますが、おおむね以下のような内容です。

　その昔、久延寺へ安産祈願に来た妊婦が中山峠を越える途中で山賊に襲われ殺害されてしまった。このときに斬られた腹から子が生まれた。母の魂は、子を助けるため、かたわらにあった石に乗り移り、夜ごとに泣き声を立てた。久延寺の僧侶がこれに気づき、子を助けて連れ帰り、母乳の代わりに水飴を与えて、大切に育てた。やがてその子は立派に成長し、母のかたきを討った。

　この話にちなんで、「子育飴」という飴が小夜の中山の名物となりました。現在も付近の商店で販売されています。

小夜の中山公園

久延寺

夜泣石

【16】袋井・掛川(かけがわ)・金谷(かなや)・藤枝・府中・江尻・興津(おきつ)

いずれも静岡県に位置する東海道の宿場を取り上げています。他の人を背負って、あるいは子供の手を引きながら、火災から逃れる人々の姿です。十手を持った役人らしき人物も描かれています。

表題に挙げられている7か所は、いずれも静岡県内にあった東海道の宿場です。袋井・掛川・金谷・藤枝は現在でも静岡県の市または町の名前に残っています。府中は静岡市葵(あおい)区にあった駿府(すんぷ)城の城下町の一部、江尻は静岡市清水区の中心部、興津は同区の旧興津町域にあたります。

安政東海地震を真正面から迎えうつ形になった静岡県の東海道沿線で被害が甚大であったことは想像に難くありません。実際、静岡県平野部のほとんどすべての場所で震度6またはそれ以上が推定されています。加えて、富士川・興津川・安倍川・天竜川などの上流域で山崩れが多発し、地震後も長期間にわたって洪水が起こりやすくなりました。さらに、空気が乾燥する冬季の朝、人々が活動している時間帯に地震が発生したことは、火災の発生と拡大を後押しすることになりました。

7宿の状況についてそれぞれ見ていきましょう。まず、袋井は残らずつぶれて焼失、総人口約800人のうち死者・行方不明は約100人との記録があります。掛川では、掛川城内の火災は免れたものの天守を含めて建物は大部分が倒壊しました。一方、城下町では火災が起こっています。金谷は周辺の村々も含めて被害が集計されており、それによると家屋の倒壊は全体の4

割に及び、また液状化現象によって耕作不能となった田畑が多数ありました。藤枝では田中城（この付近を支配した田中藩の藩庁）が大破し、また城下町で火災がありました。府中では駿府城内外の建物と石垣がほぼ全壊したことが「嘉永七寅年地震記」という幕府への報告書に記載されています。また、城下のうち14か町、戸数にして全体の1割以上が焼失しました。江尻は家屋800軒余のうち400軒余が焼失し、野原同様になったといいます。また近隣の清水湊では、家屋・土蔵・物置小屋までことごとく倒壊し、四方から出火して折からの強風で延焼したうえ、まもなく津波に襲われました。興津では津波による死傷者が続出しました。江戸の藤岡屋由蔵が各地から集まった情報をまとめた『藤岡屋日記』では、興津の状況について「興津宿津波」「宿内少々破損」「あらまし類焼」「津波にて大荒れ」などと記されています。

　地震が残した副産物もあります。東海道の興津宿と由比宿の間には海岸沿いの狭隘な道をたどる難所がありましたが、安政東海地震で海底が隆起して、海岸沿いを通行することが可能になりました。現在の東海道本線、国道1号などはここを通っています。なお、江戸時代初期の慶長12年（1607）には早くもこの難所を迂回する峠道がつくられました。これが現在も景勝地として知られる薩埵峠です。歌川広重の「東海道五十三次　由井（由比）」は、この薩埵峠から見た風景です。

歌川広重「東海道五十三次　由井（由比）」
減災館蔵

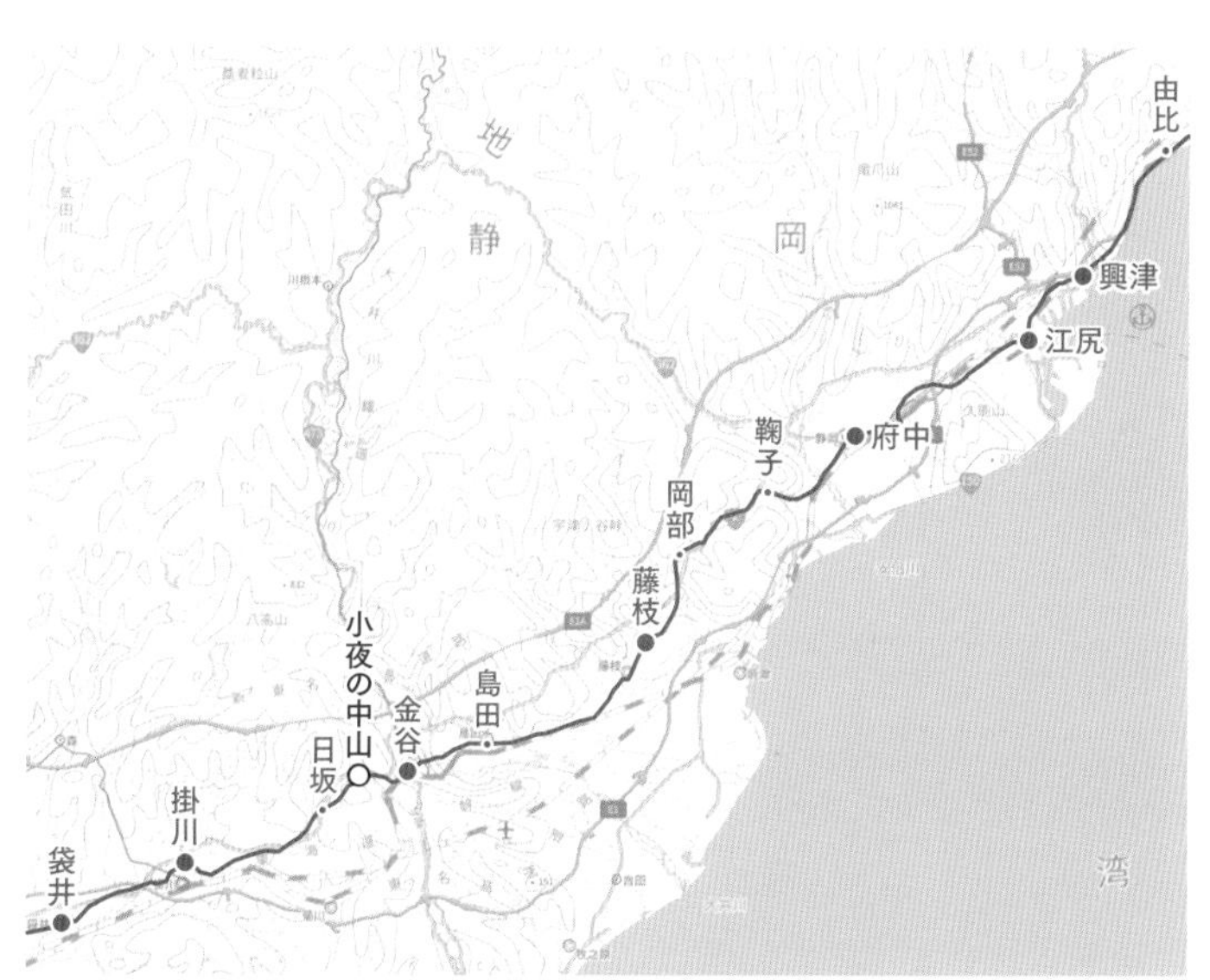

東海道と袋井・掛川・金谷・藤枝・府中・江尻・興津宿の位置　地理院地図を加工

【17】

日坂無事

東海道の日坂宿（静岡県掛川市）近くの峠道、小夜の中山の風景です。旅人が2人連れだって、景色を眺めながら歩いています。

日坂は東海道の宿のひとつであり、現在の静岡県掛川市日坂のあたり一帯にありました。【15】「東海道小夜の中山」の項目で紹介した峠道、小夜の中山の西側のふもとにあります。明治に入って東海道本線が敷設されたとき、東隣の金谷と西隣の掛川の間は小夜の中山を避けて菊川を通る経路が選ばれたため、日坂は衰退を余儀なくされました。しかし、江戸時代には、東海道の宿場の中では小規模であったもののかなりの賑わいであったようです。

図には、中央に2人の旅人と、左端に大きな石が描かれています。この構図は歌川広重の浮世絵「東海道五十三次　日坂」などと共通するもので、旅人が歩いている道は小夜の中山であり、大きな石は夜泣石です。遠景には山々が連なっていますが、現在も小夜の中山からは周辺の山々とその斜面に広がる茶畑を一望することができます。

歌川広重「東海道五十三次　日坂」減災館蔵

現在の日坂（高札場付近）

表題に「日坂無事」、また図中上方には「此宿無事ニ通り」とあり、これによると安政東海・南海地震による日坂宿の被害はなかったか、あるいは軽微であったように読み取れます。一方で、小夜の中山が全潰したとする資料もあります。また、両隣の掛川宿と金谷宿はともに震度7相当であったと推定されており、日坂宿もただでは済まなかったものと思われます。

【コラム】かわら版いろいろ（2）東海道筋大地震大津波大出火

安政東海・南海地震の被害状況をまとめたかわら版です。すごろくではなく、地名・被害・簡単な図を一覧にしています。かわら版の左下には、「このほか、西国や諸方でも地震・津波等の被害があるという。いまだ詳細不明ゆえ、今晩知らせの分をまとめた。追々相調べ、次編に詳しく示す。」とあり、速報的に出されたことがわかります。

本編【16】に「袋井・掛川・金谷・藤枝・府中・江尻・興津、此の七宿大地震・大火」とありますが、このかわら版では「大火」と一括りにせず、それぞれの火災程度や、その他の被害にも触れています。被害程度順に並べると、金谷は「大焼け」、袋井・掛川・江尻は「丸焼け」、府中は「江川町より出火、通り筋焼け」、とあります。また、藤枝は「潰れ（建物倒壊）」、興津は「津波打込」とあり、火災以外にも深刻な被害があったことがわかります。日坂「無事」とあるのは、本編【17】と共通しています。（末松）

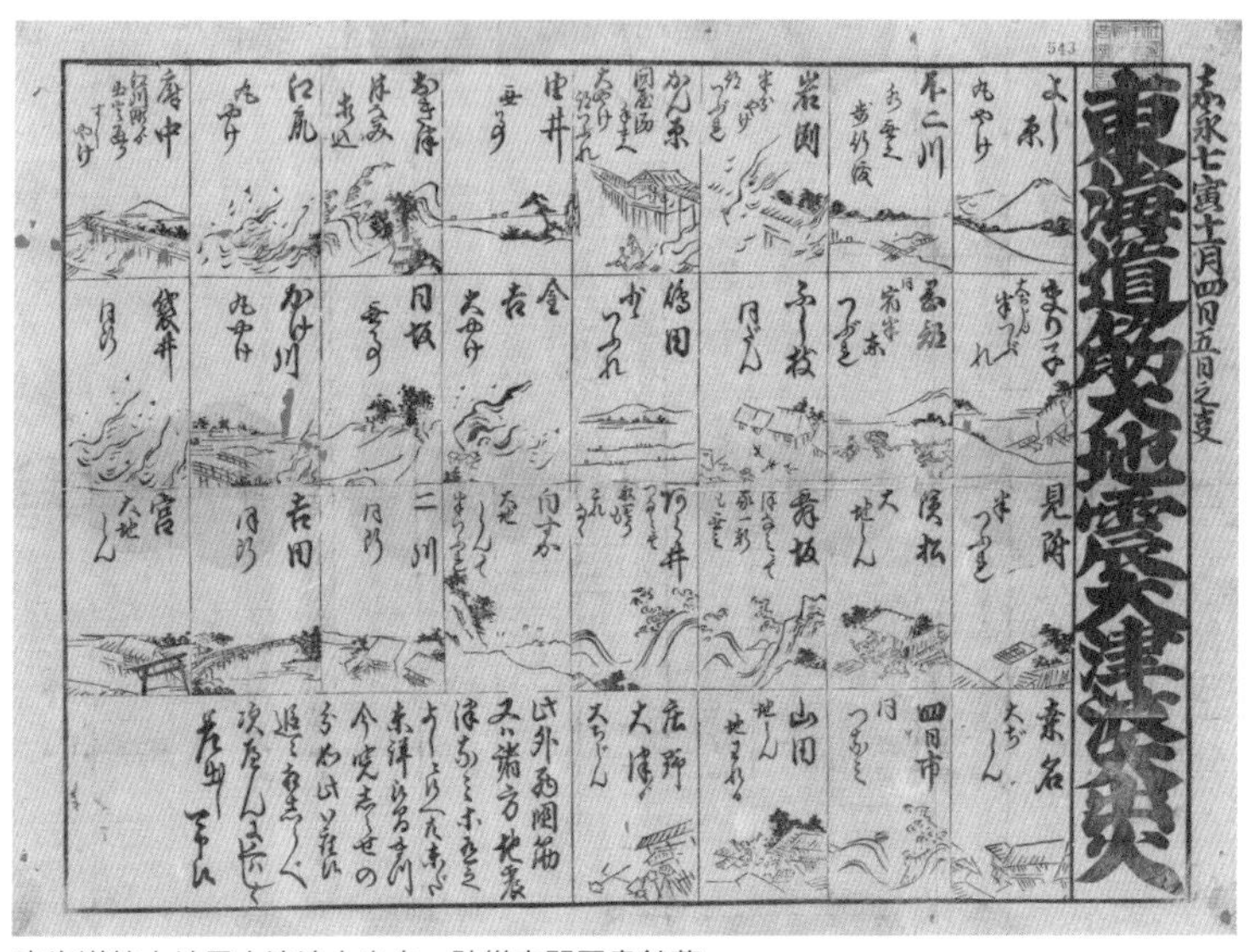

東海道筋大地震大津波大出火　防災専門図書館蔵

【18】蒲原・吉原

東海道の蒲原宿と吉原宿で火災があったようです。画面前方の人物は、火災から避難して、筵と障子戸を使って寝込んでいるのでしょうか。風呂敷には家財道具を包んでいるようです。

蒲原・吉原はともに東海道の宿場の名です。蒲原は現在の静岡市清水区、吉原は静岡県富士市にありました。両宿とも安政東海地震による揺れで建物が倒壊したという記録はありますが、「丸焼け」といってよいほどの火災があったという史料は他になく、この項目の信憑性には疑問符が付きます。

たとえば、蒲原宿の渡辺退平という人物の日記が『蒲原町史』に現代語訳のうえ掲載されています。それによると、蒲原宿で火災が発生したものの消火に成功し、焼失したのは4、5軒であると記されています。この程度であれば丸焼けとはいえません。街道を移動する人たちが情報を伝えるうちに、意図してではないにせよ内容が変化したのかもしれません。はじめは「蒲原宿で火事があった」という程度だったものが、伝わるうちに「蒲原宿が丸焼けになった」などと話が大きくなった可能性は考えられます。

吉原宿については、やはり顕著な火災の記録はみられませんが、そのかわり安政東海地震後に洪水の被害が増えたことがわかっています。これは、地震による地盤の変動にともなって富士川の流路が東寄りに移動し、吉原宿のある左岸側で洪水が激しくなったためです。

さて、蒲原宿は富士川の河

口に近い位置にあり、一方の吉原宿は駿河湾岸の低地にあります。そのため、両宿とも水害によって場所を移った歴史があります。

　蒲原宿は、もともと現在の位置よりも海側にありました。しかし、元禄12年（1699）8月15日の台風にともなう高潮によって壊滅的な被害を生じ、今の御殿山のふもとへ移りました。

　吉原宿は、江戸時代中に2度の移転を経験しています。はじめは現在の東海道本線吉原駅付近にありましたが、寛永16年（1639）の高潮により甚大な被害を生じ、少し内陸の方へ移りました。ところが、延宝8年（1680）の高潮によりまたも壊滅し、現在の富士市吉原本町付近へ移りました。このため、東海道が元の吉原宿の位置から新しい吉原宿へ向かって回り込む形になりました。江戸から京都へ向かうとき、富士山は基本的に右側に見えますが、この区間では左側に見えることとなり、「左富士」と呼ばれる景勝地として知られるようになりました。現在は市街地化され、往時の景勝地としての面影はなくなってしまいましたが、旧東海道沿いの一角が「名勝左富士」として整備されています。

志田邸（蒲原宿、国登録有形文化財）
安政東海地震で大きく損傷し、翌年に建て直された建物です。

遠近道印／菱川師宣「東海道分間絵図」に描かれた吉原宿付近
国立国会図書館デジタルコレクション
画面右下に「もと吉原」、丸囲みの「吉原」の右上に「吉原宿は近年北の方へ移転したため、隣の宿との距離は不明である」（趣意）と記されています。

歌川広重「東海道五十三次　吉原」減災館蔵

【19】尼崎(あまがさき)・西宮(にしのみや)

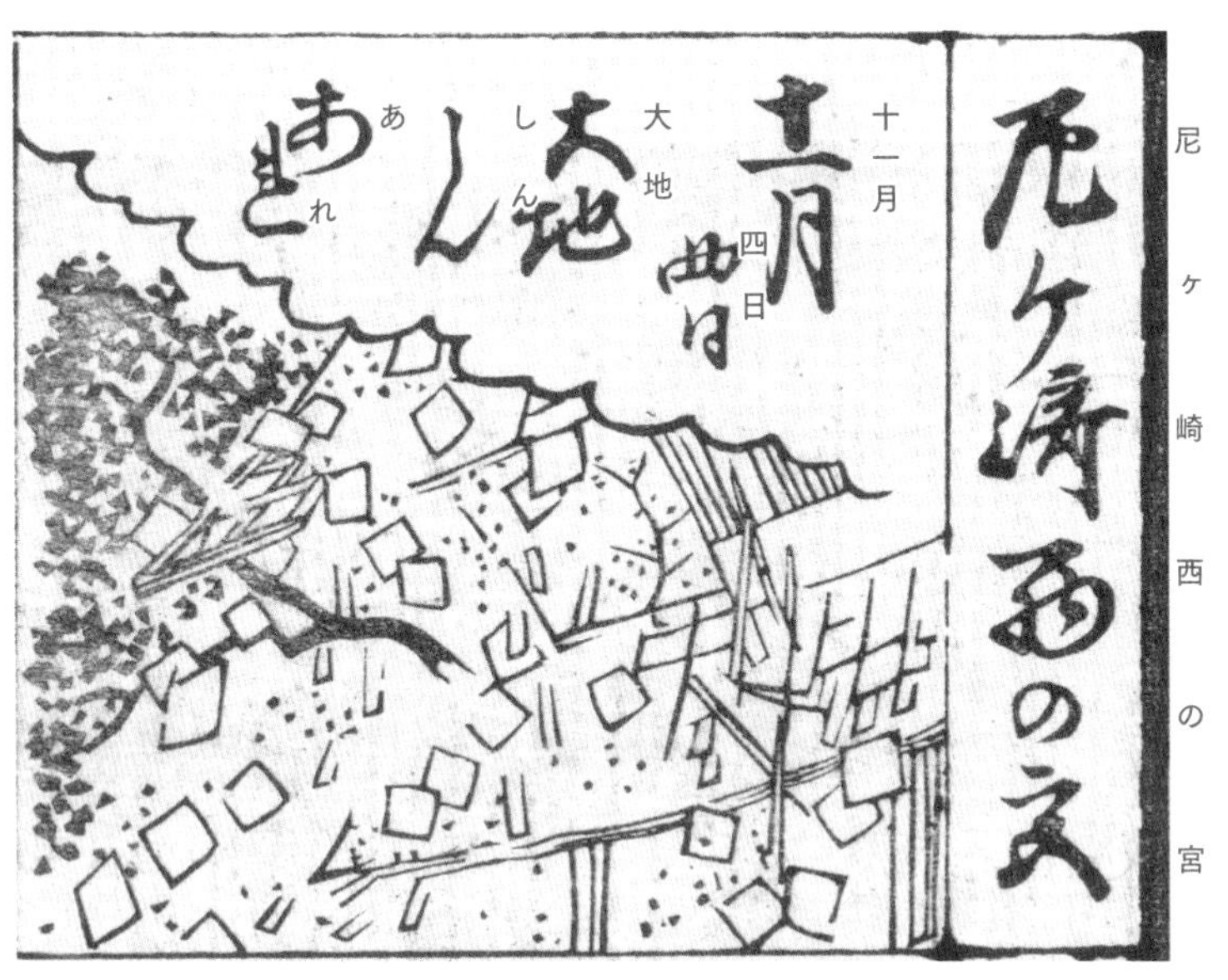

尼崎と西宮（兵庫県）の様子です。激しい揺れにより、建物の瓦が崩れ落ちています。

尼崎・西宮とも兵庫県にある都市の名前です。尼崎市は、弥生時代から人が住んでいた痕跡があり、古代には大物浦(だいもつうら)が淀川河口部の要港として栄え、江戸時代以降は尼崎城の城下町として発展しました。現在は兵庫県の東端で大阪市に隣接しており、阪神間につらなる主要都市のひとつとして重要な位置を占めています。西宮市は、尼崎市の西隣にあり、えびす神社の総本社とされる西宮神社や阪神甲子園球場が所在するほか、酒造業がさかんなことでも有名な都市です。

江戸時代、京都から山陽方面へ向かう西国街道は、現在の大阪府茨木市から箕面(みのお)市、兵庫県伊丹(いたみ)市などを通っており、大坂を経由していませんでした。大坂からは中国街道が尼崎を通って西宮まで延びており、ここで西国街道と合流していました。大坂から山陽方面へ向かうとき、はじめに通過するのが尼崎と西宮であることから、地名が挙げられたのだろうと思います。

安政東海地震による被害としては、まず尼崎では尼崎城の御殿や櫓(やぐら)が破損したといいます。さらに翌日の安政南海地震では津波による民家の流出もありました。西宮については、少なくとも酒造家の居宅や蔵がつぶれたところはなかったようです。ただ、酒造家の屋敷や蔵は比較的強固に建てられているものが多いため、一般の住居においては破損したものもあったと考えられます。

ところで、阪神間の都市名が記されたこの項目では、平成7年（1995）1月17日の兵庫県南部地震と、それによって引き起こされた阪神・淡路大震災に触れないわけにはいきません。兵庫県南部地震は、淡路島北部の兵庫県津名郡北淡町（現淡路市）付近を震源とするマグニチュード7・3の地震であり、初めて最大震度7が記録されました。当時戦後最大といわれる建物被害が生じ、6300人以上が犠牲になりました。震源断層は、淡路島から大阪府北部にかけて位置する六甲・淡路島断層帯の一部である野島断層です。

六甲・淡路島断層帯の存在は、この付近の地形に大きく関係しています。西宮市から神戸市にかけて、南側の大阪湾と北側の六甲山地に挟まれた狭隘な領域が都市化しています。この地形は、六甲・淡路島断層帯に属する活断層が繰り返しずれ動くことで、北側が隆起し、南側が沈降することによって生まれました。六甲山地の存在そのものがこの活断層帯の産物であり、兵庫県南部地震もまたこうした活動の一環なのです。

六甲山地　震災の帯　芦屋市　西宮市　尼崎市　神戸市　活断層

兵庫県南部地震で現れた「震災の帯」
『耐震工学　教養から基礎・応用へ』（講談社）から転載

一方で、六甲山地がすばらしい景観や独特の文化を生み出していることも事実です。

六甲山からの夜景

六甲山は大都市の至近にありながら豊かな自然が息づいており、観光地としても高い人気を誇ります。直下に阪神間の市街地を抱えることから、夜には色鮮やかな夜景が眼下に広がります。また、断層運動の激しい地域では良い水が湧き、銘酒が生まれることが多いようです。事実、西宮市から神戸市東部にかけての六甲山麓には灘五郷と呼ばれる酒造地があります。断層はときに恐ろしい地震を引き起こしますが、豊かな恵みももたらしてくれるものなのです。

【20】

日本一高山富士

美しい富士山の姿です。画面左手前には松林があり、右手前から富士山の懐へと海面が入り込んでいます。景勝地として知られる三保の松原からの眺めを描いたものでしょう。

表題に「日本一高山」、続いて「ぶし」と書かれているように見えますが、これは「ふじ」すなわち富士山のことでしょう。

さて、富士山は日本の代表的な火山です。約70万年前に現在の富士山の位置で小御岳火山が活動を始め、その後も噴火活動を繰り返し、約1万年前に現在の富士山の形ができ上がりました。歴史記録に残っている噴火は、8世紀以降で少なくとも13回以上あります。ただし、大きな噴火は781年から1083年までの約300年間と、1511年から1707年までの約200年間に集中しています。現在は静穏期であるように見えるかもしれませんが、ときおり噴気などの現象がみられています。富士山が今なお活動中の火山であることを忘れてはいけません。

さて、富士山の直近の大噴火は宝永4年（1707）11月23日に始まった宝永噴火です。この49日前には、静岡県沖から四国沖までを震源として発生した史上最大の南海トラフ地震である宝永地震が発生しました。地震により地中の力の分布が変わったことが、富士山の噴火を誘発した可能性が高いと考えられています。当時江戸にいた新井白石の自伝『折りたく柴の記』には、次のように記されています。

昨夜地震があり、（23日）昼頃、雷の音が聞こえた。家を出てみると、雪のような白い灰が降っている。南西の方向に黒い雲が起こってしきりに稲光が見えた。

また、幕府の側用人であった柳沢吉保の日記『楽只堂年録』にも、富士山東麓の須走村（現在の静岡県駿東郡小山町）などを現地調査した徒目付の報告として、1丈あまり（3メートル以上）もの火山噴出物が積もっている様子が記されています。さらに、多量の灰が流入した酒匂川で堤防が決壊して足柄平野で洪水が起こるなど、二次災害が相次ぎました。

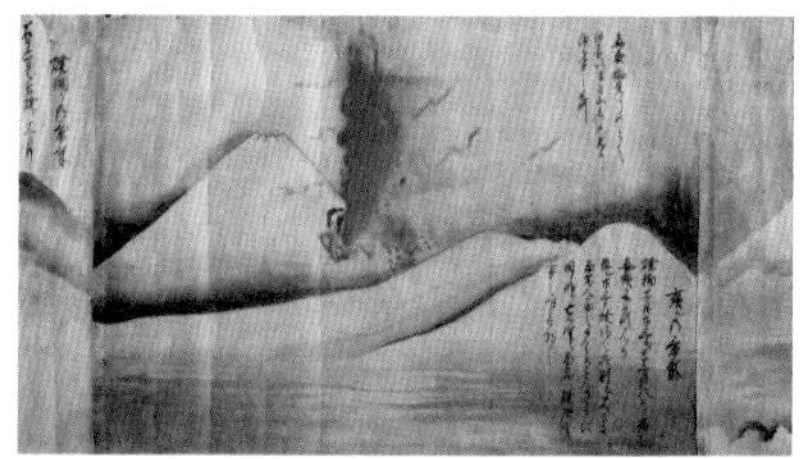
富士山宝永噴火絵図　夜乃景気　個人所蔵
静岡県立中央図書館歴史文化情報センター提供

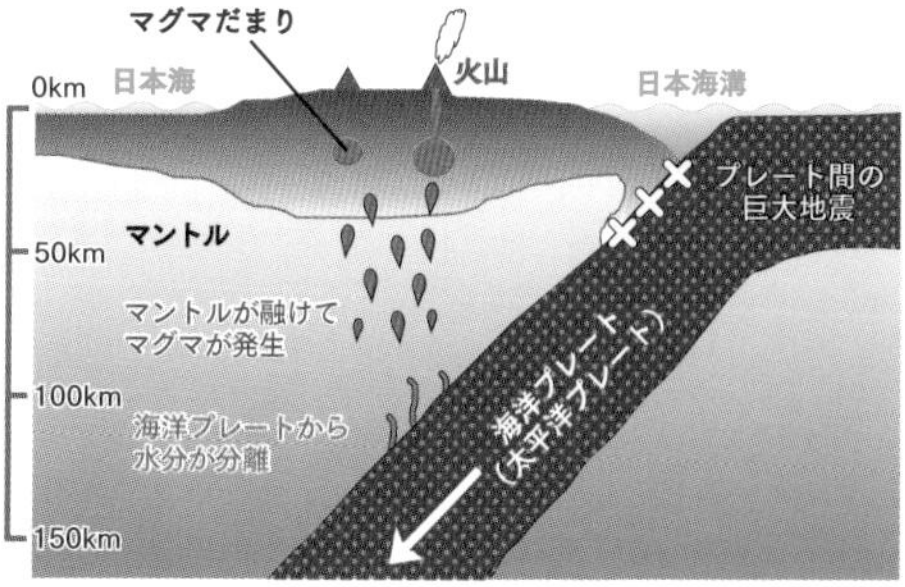

安政東海・南海地震や昭和東南海・南海地震の際には、少なくとも噴火といえる現象は起こっていません。宝永噴火から300年以上が経過しましたが、次の噴火はいつ起こるのでしょうか。

ところで、日本列島には火山が多数存在しますが、どこにでもあるわけではありません。多くは、プレートの沈み込み（103ページ以降の解説【2】を参照）が始まる海溝やトラフからある距離をもって平行に並んでいます。これは、沈み込んだ海のプレートが含んでいる水分によって融点降下作用が働き、プレートがある深さに達したところでマントルを構成している岩石が融けてマグマを形成するためです。こうした火山の分布の海溝側の境界線を火山フロントといいます。気象庁では、全国で110の火山を活火山として指定しています。

プレート沈み込み帯で火山ができるしくみ
気象庁「火山噴火の仕組み」を元に作図

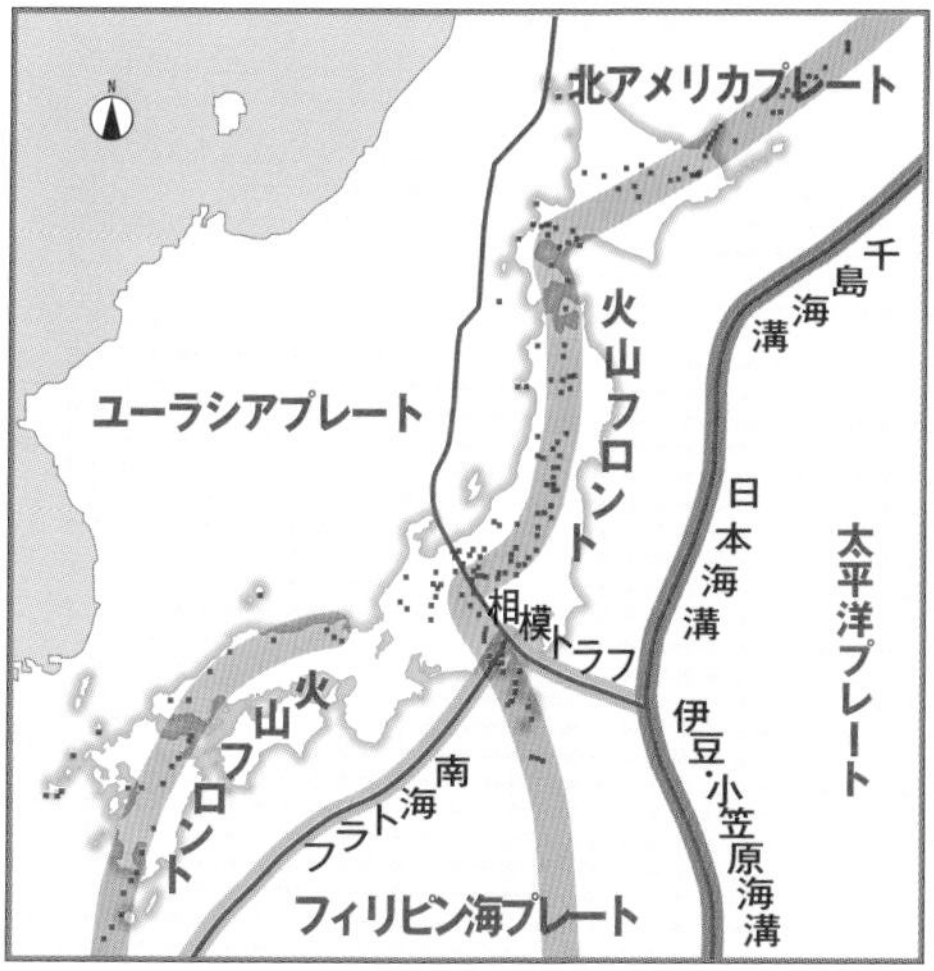

日本の火山の分布　静岡大学防災総合センター「活火山富士山がわかる本」を元に作図

【21】

阿波・讃岐・土佐

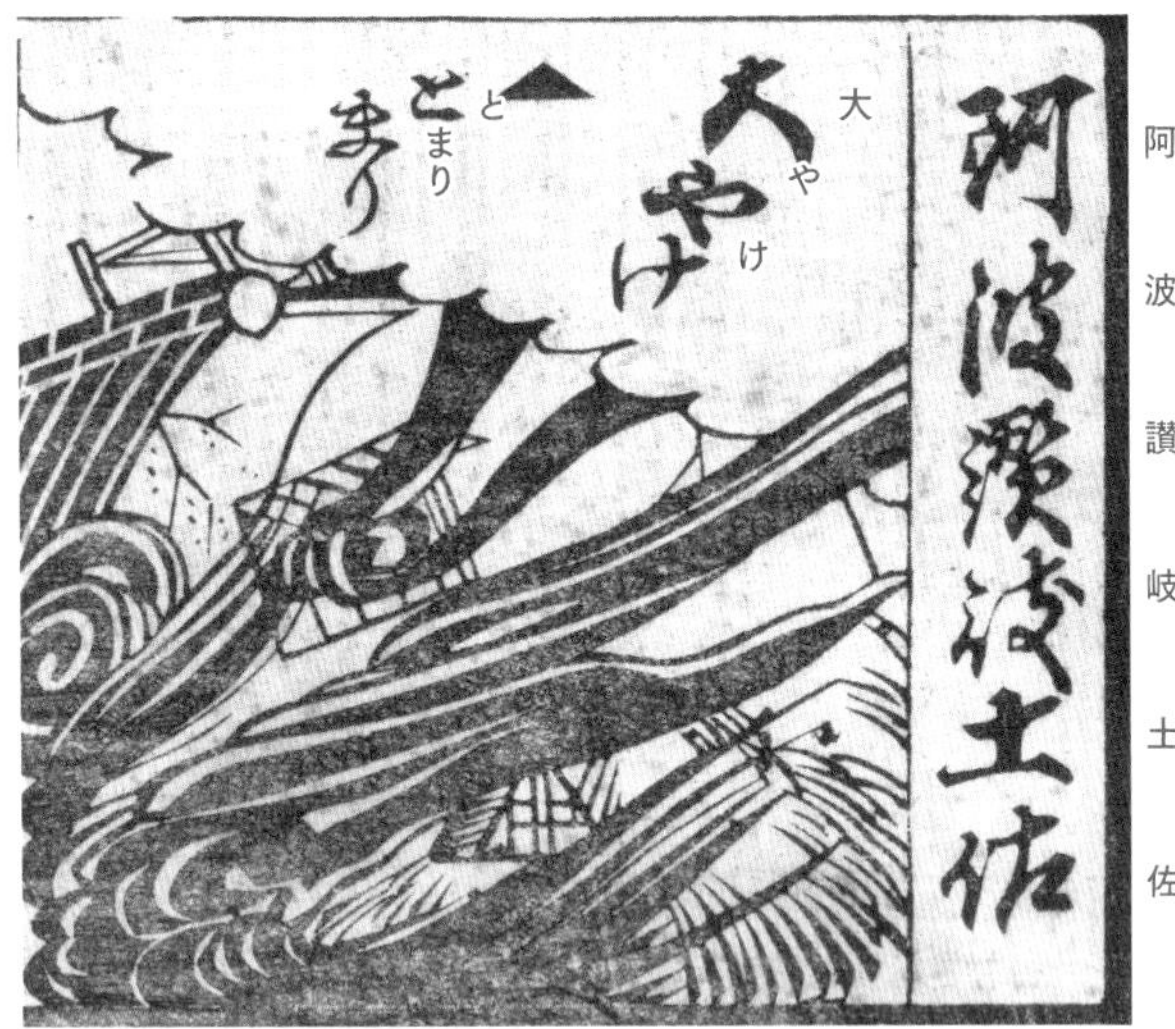

亀裂の入った建物から激しく炎が噴き出しています。阿波・讃岐・土佐（四国）のどこかで大規模な火災があったことを示しているようです。

表題にある阿波・讃岐・土佐は、それぞれ現在の徳島県・香川県・高知県にあたります。四国にある残りひとつの県、愛媛県は旧国名では伊予と呼ばれます。

阿波国は、ほぼ全域が震度5〜6以上の揺れに見舞われました。また津波も大規模で、太平洋沿岸では全滅した集落もありました。さらに、徳島城下では火災が発生しました。その被害規模は史料によって異なりますが、大火と呼べるほどのものであり、全焼を免れた家とて無事なものは1軒もなかったほどであるといいます。

讃岐国では、高松・丸亀などが震度6程度の揺れであったと推定されています。高松城で屋根瓦の落下・壁の損傷・石垣の崩落などがあり、城下では宝永4年（1707）の宝永地震を超える被害が発生しました。なお、城下で混乱に乗じて通常よりも値段を上げて物資を売っているものがいるとして、このような非常時に暴利をむさぼることのないよう、藩から通達を出したという記録が残っています。

土佐国は、安政南海地震の震源域の真正面に位置していることもあり、やはりほぼ全域が震度6程度の揺れとなりました。震動と津波が激しかったことはもちろんですが、さらに倒壊した家屋から出火しました。土佐国内の被害総計は死者372人、負傷者180人、焼失家屋3000戸以上、流失家屋3800戸以上、倒壊家屋4800戸以上などと記録されています。

この項目には名前が出ていませんが、伊予国（愛媛県）についても見ておきます。松山や宇和島では震度6程度の揺れであったと推定されています。松山城では天守の石垣がふくらみ、本丸でも屋根瓦の落下や壁の損傷がありました。また、この地震のときから翌年2月末まで、道後温泉の湧出が止まっています。同様の現象は天武天皇13年（684）の白鳳地震、宝永4年（1707）の宝永地震、昭和21年（1946）の昭和南海地震の際にも発生しており、南海トラフ地震の特徴のひとつとなっています。

室戸岬

四国における南海トラフに関連する話題として、室戸岬の隆起について触れておきます。日本列島は4枚のプレートが収束する境界域に位置しています。海のプレートが陸のプレートの下へ沈み込むとき、海底の堆積物が陸のプレートに付加していきます。これを付加体といいます。日本列島のかなりの部分は付加体によって形成されていると考えられており、おおむね太平洋側が新しく、日本海側が古い地層になっています。室戸岬は南海トラフ地震のたびに地盤が隆起することがわかっており、太平洋側の地域の中でも一番早く付加体が陸化する場所となっています。そのため、室戸岬は「大地誕生の最前線」といわれ、室戸岬を含む高知県室戸市はユネスコ世界ジオパークに指定されています。

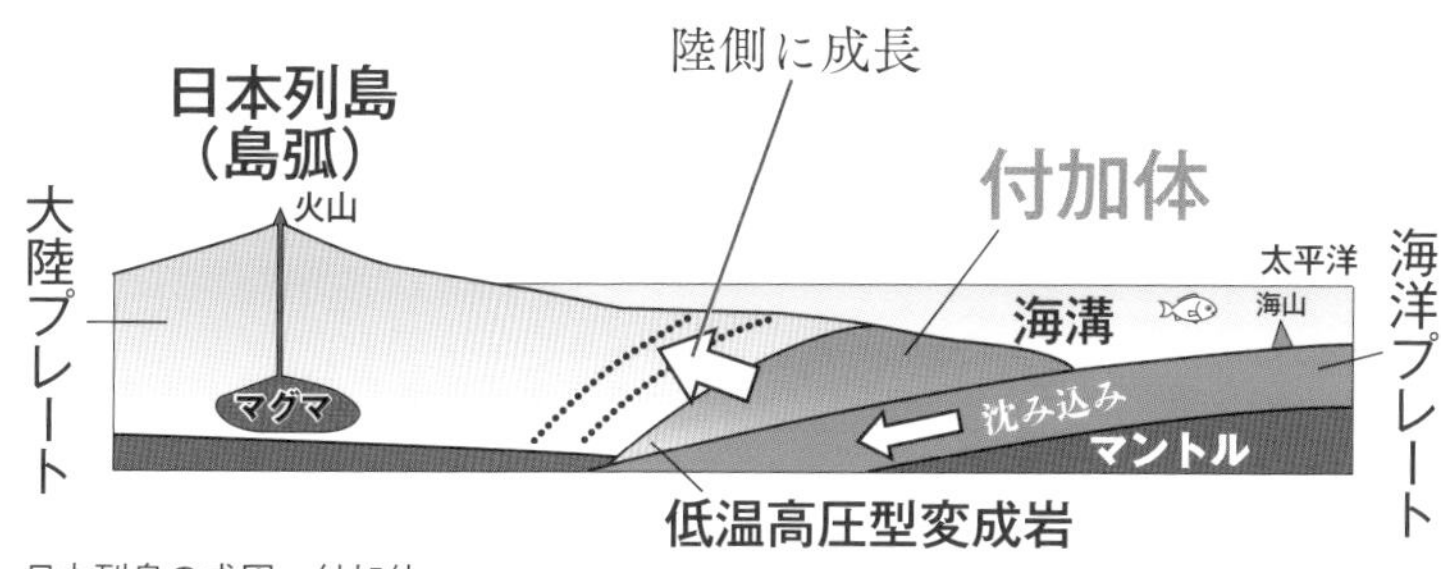

日本列島の成因 - 付加体

【22】摂州三田

壁にひびが入った家屋や瓦のはがれ落ちた建物が描かれています。3羽の鳥は、揺れに驚いて飛び立ったところでしょうか。

摂州は摂津国のことで、現在の大阪府北部と兵庫県南東部にあたります。三田は現在の兵庫県三田市中心部を指すと考えてよいでしょう。

三田には、数万年前の旧石器時代には人が居住していた形跡があります。現在に通じる町のおこりも古く、天智天皇7年（668）に定恵（藤原鎌足の長子）が父の鎌足と有間皇子（孝徳天皇の皇子）の菩提を弔うために建立した金心寺の門前町に始まるとされます。三田の地名は、この地方が有間皇子の「御田」であったことに起因するとされ、金心寺本尊の弥勒菩薩の胎内に「当山一帯を松山の庄と号す。これを金心寺恩田・悲田・敬田の御田を以て三田と改む」とあります。恩田・悲田・敬田は仏教で施しをすべき3種類の人を指す言葉で、恩を受けた人・困っている人・敬うに値する人をいいます。このような人に施しをすることで本人はより大きな福徳を得ることができるとして、種をまけば万倍になって収穫できる田にたとえられました。

南北朝時代の記録には「三田城」の名称がみえ、この頃には近世に通じる城下町の体裁をなしていたと考えられます。さらに、江戸時代には【12】「志州鳥羽辺」で紹介した志摩国鳥羽より九鬼氏が入城し、三田藩3万6千石の拠点として繁栄してきました。この縁により、三重県鳥羽市と兵庫県三田市は平成23年（2011）に友好都市として提携しました。

明治以降は大阪・神戸双方から三田まで鉄道が開通し、現在は近畿地方屈指のベッドタウンとしても発展しています。

旧九鬼家住宅
旧三田藩家老の邸宅で、明治初期の文明開化の時代を映した「擬洋風建築」として兵庫県の重要文化財に指定されています。

【コラム】かわら版いろいろ（3）伊豆下田 小田原 箱根 大地震之図

安政東海地震における、伊豆下田・小田原・箱根の被害をまとめたかわら版です。上段には各地の被害状況を列挙し、下段には地震津波で数多（あまた）の船が被害にあったこと、その中には唐船（外国船）なども含まれていたことが書かれています。

図の端々に、地震で逃げ惑う人々が小さく丁寧に描きこまれています。これらの人々は本編【2】と同様に、みな両手を上げて走っています。当時の人々は「ナンバ歩き」という、右手と右足、左手と左足をそれぞれ一緒に出す歩き方をしていたといわれています。中世の絵巻物などにも、両手を上げて走る人の姿が描かれていますが、これはナンバでは走るのが難しいため、両手を上げているのだといわれています。（末松）

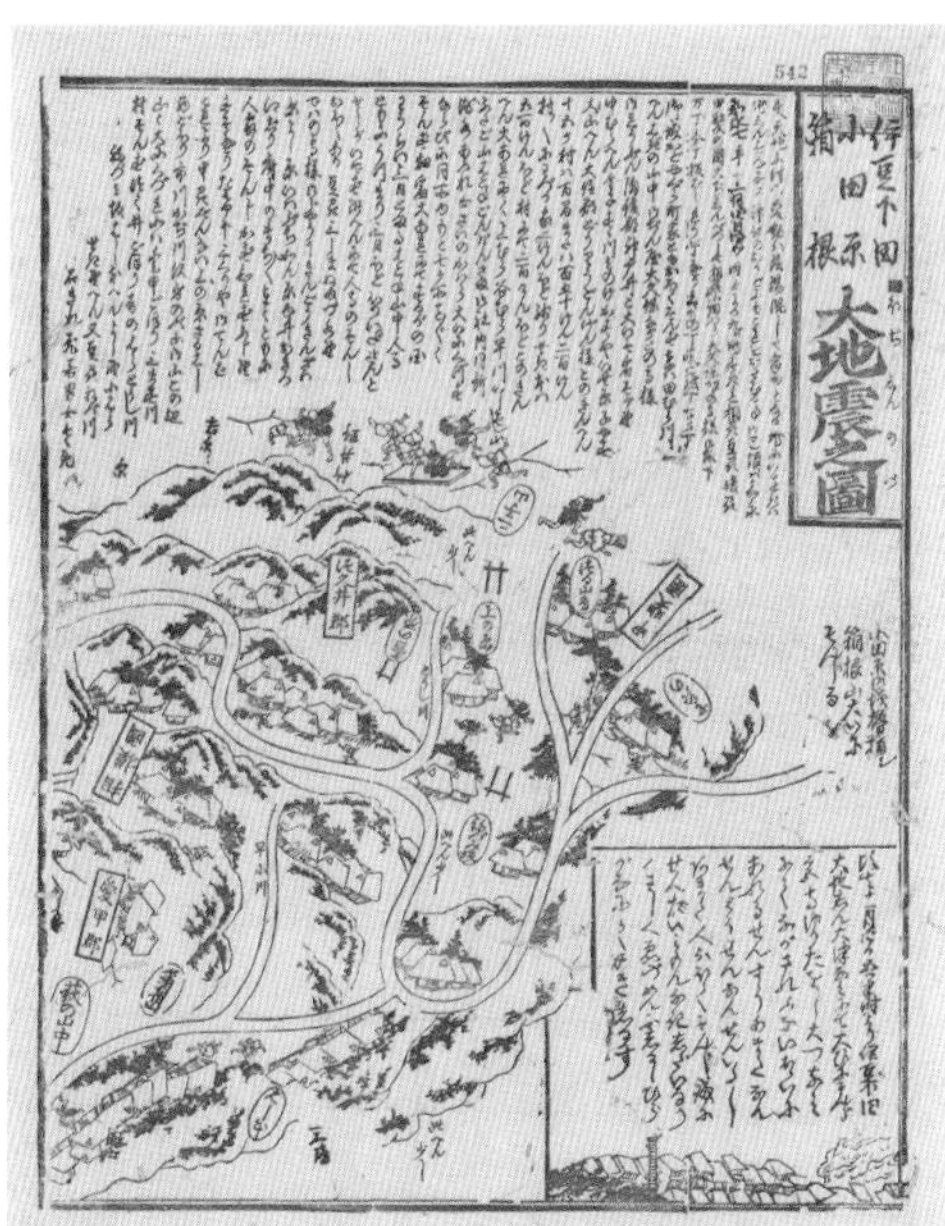

伊豆下田 小田原 箱根 大地震之図　防災専門図書館蔵

逃げ惑う人々、松の木につかまる人

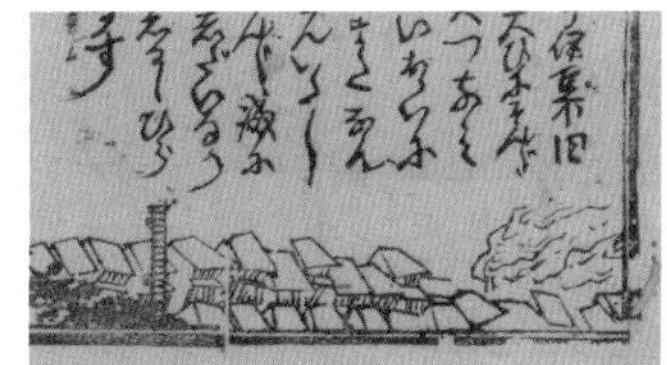

津波が町に押し寄せる様子

【23】

品川・川崎・神奈川

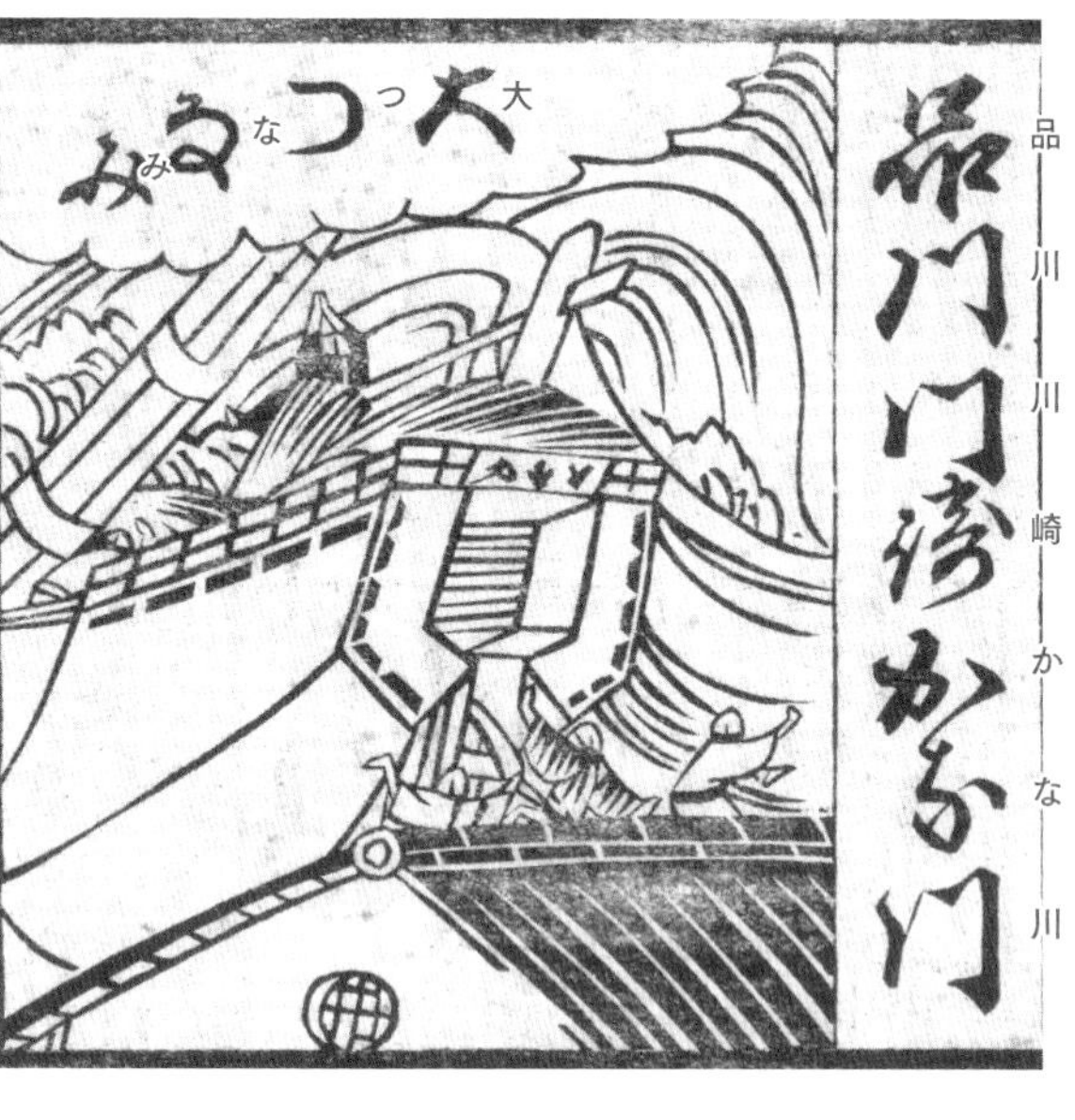

大津波によって大きな船が流され、今にも建物に覆いかぶさろうとしています。

表題の品川・川崎・神奈川は、いずれも現在までそのまま地名として使われています。それぞれ、現在の東京都品川区、神奈川県川崎市、横浜市神奈川区にあたります。

ここから4項目は関東地方についての内容となります。詳細は後述しますが、関東地方の安政東海・南海地震による被害は概して大きくありません。これは、安政東海地震の震源域が駿河(するが)湾よりも西側であり、南海地震にいたっては紀伊半島沖よりも西側であるため、震源域で発生した地震波が関東地方へ到達するまでにずいぶん減衰するためです。ただし、これは低層の建物（当時の建物はほとんどすべて該当します）に対する影響の大きい短周期（およそ周期1～2秒程度以下）の揺れに関していえることです。高層の建物に影響の大きい長周期の揺れ（周期数秒程度以上）については、距離による減衰の効果が小さいため、遠方まで届き、かつ長時間にわたって揺れが続くことがわかっています。この問題は、長周期・長時間地震動と呼ばれています。実際に、平成23年（2011）の東北地方太平洋沖地震（東日本大震災）においても、震源から700キロメートル以上離れた大阪で大きく揺れた超高層建物がありました。現在の関東地方には、安政東海・南海地震当時には考えもしなかったような高層の建物が林立しているため、将来の南海トラフ地震の際にはかならず長周期・長時間地震動による被害が発生するはずです。

なお、関東地方においては、翌安政2年10月の安政江戸地震による被害が大きく、そちらがよく注目されています。これについてはコラムで触れることにします。

さて、安政東海地震によるこの地域の被害はどのようなものだったのでしょうか。これまでの調査により、川崎と程ケ谷宿（現在の横浜市保土ケ谷区）の揺れは震度4〜5程度であったと推定されています。同時代の複数のかわら版にも、川崎・神奈川で「少々のそんじ」があったとか、あるいは川崎・神奈川は「格別の傷みなし、」品川は「少々のそんじ」などと記されています。いずれも、揺れはしたものの大きな被害は生じなかったということです。

一方、津波に関しては、近隣の金沢（横浜市金沢区）、浦賀、大津（神奈川県横須賀市）、三崎、鎌倉、江の島などで「大津波」があったとする記録があります。また、江戸の海岸地域でも波が荒れ、潮が打ち上げたといいます。安政東海地震による津波は房総半島から九州沿岸までの広い範囲に到達しており、東京湾の内部へも入り込んだはずです。ただし、この地域で大津波による顕著な被害が発生したという記録は現在のところ見つかっていません。揺れと同様、西南日本の沿岸部よりは小さな被害で済んだものと考えられます。

現在の品川宿

現在の川崎宿

現在の神奈川宿
左側には復元された高札場があります。

【24】江戸芝居やけ

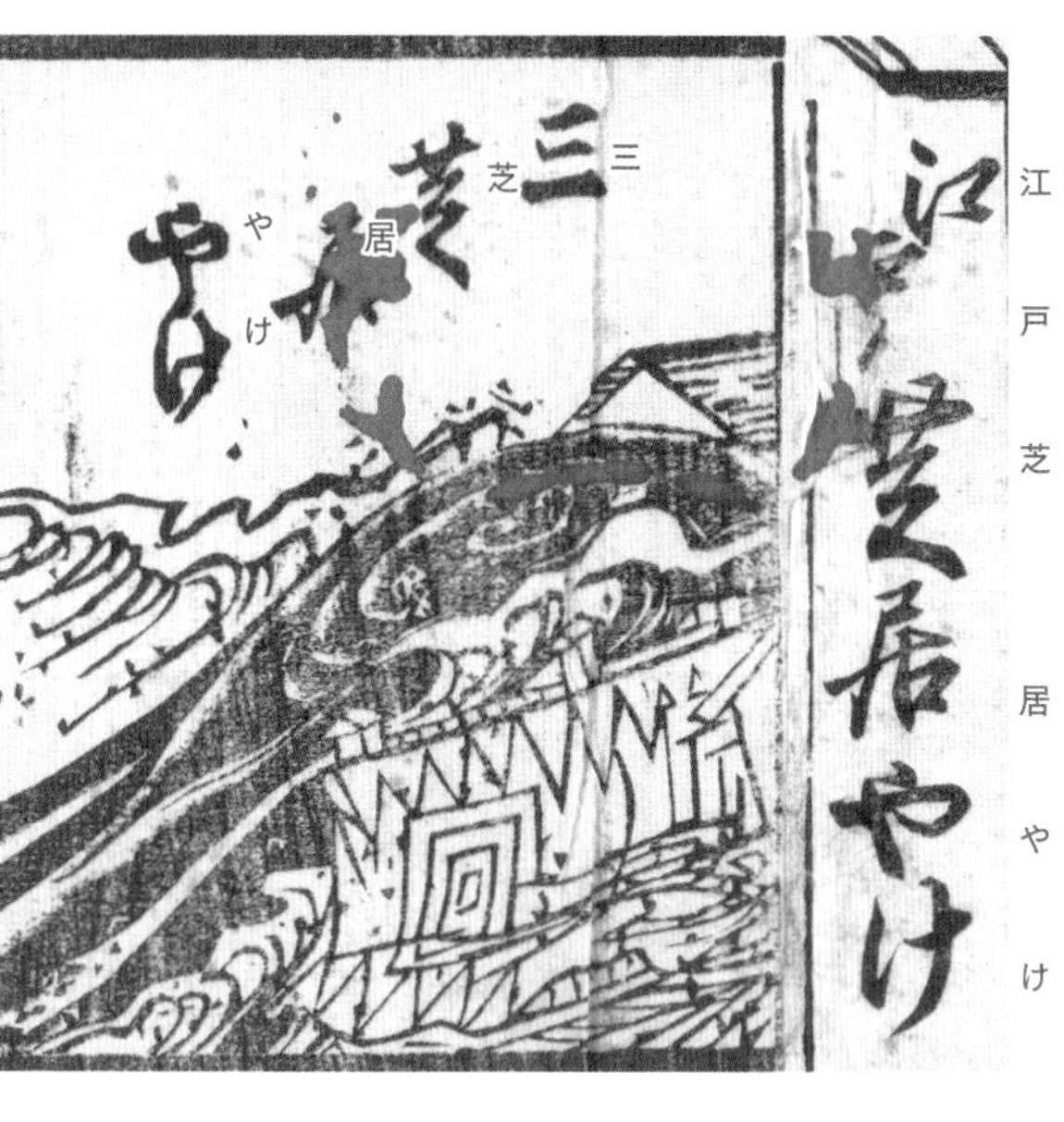

激しく炎を噴き上げる建物が描かれています。これは江戸猿若町の芝居小屋です。この火災で一帯が類焼してしまったようですが…。

表題の「江戸芝居」は、江戸の猿若町（現在の東京都台東区浅草6丁目付近）にあった芝居小屋・歌舞伎座の集中地域を指しています。また、図中の「三芝居」は、江戸三座とも呼ばれる幕府の許可を受けた3軒の歌舞伎座を指しています。図中には炎を上げて燃える芝居小屋が描かれており、江戸三座はじめ一帯が類焼したことを示しています。

江戸三座とは、通常は中村座・市村座・森田座（守田座とも）を指します。もとはそれぞれ日本橋堺町・葺屋町・木挽町にありましたが、天保12年（1841）に火災によって一帯が焼失してしまいます。老中水野忠邦による天保の改革が進行中であり、当初は芝居小屋の再建が認可されませんでしたが、いち早く遊興の地となっていた浅草に代替地を用意して解決しました。これが浅草の猿若町で、この地名は江戸歌舞伎の祖といわれる初代中村座座長の猿若勘三郎にちなんでいます。安政3年（1856）9月に出版された歌川広重の「名所江戸百景」のうち「猿わか町よるの景」では、江戸三座とともに芝居茶屋が建ち並ぶ様子が描かれています。この絵では右手前に「森田座」の看板が見えますが、実は森田座は天保9年（1838）に十代目森田勘弥が死去して以降休業しており、本図が出版される4か月前の安政3年5月に興行を再開したばかりでした。その間、「控櫓」と呼ばれる代理経営の制度が適用され、森田座に代わって河原崎座が興行をおこなっていました。すなわち、安政元年の東海・南海地震および同2年の江戸地震の際には、江戸三座は中村座・市村座・河原崎座という構成になっていました。

さて、「諸国大地震大津波末代噺」という名称のすごろくに「江戸芝居やけ（焼け）」とあるのですから、一見、安政東海地震によって火災が発生し、江戸三座が焼失したかのように読み取れます。たしかに、史実としては火災によって江戸三座が類焼しています。しかし、これは安政東海地震による火災ではありません。近隣にある浅草寺に残された『浅草寺日記』には、次のように記されています。

歌川広重「名所江戸百景　猿わか町よるの景」

> 一昨日（安政元年11月5日）夜四つ時過ぎ、聖天町の伝兵衛の長屋に住んでいた佐七の後家むめの住居から出火した。おりしも北西の風が激しく、聖天町・横町・金竜山下瓦町・猿若町3丁目とも、浅草寺地中山之宿町・六軒町・花川戸町東側の中ほどまで焼け、鎮火した。

現在の猿若町
歌川広重の絵とほぼ同じ位置から同じ方向を見ています。

同様の記録が、斎藤月岑の地誌『武江年表』や藤岡屋由蔵による『藤岡屋日記』にも残されています。

出火の時刻は夜四つ時、すなわち午後10時頃となっています。安政東海地震が発生したのは11月4日朝、南海地震は5日夕方であり、いずれも火災の発生時刻とは異なります。これらの地震の余震が火災の原因となった可能性は否定しきれませんが、地震とは無関係の失火かもしれません。

なお、江戸においては、安政元年（1854）の東海・南海地震よりも同2年（1855）10月2日の江戸地震によってはるかに大きな被害が発生しました。その後も、安政5年（1858）には森田座から出火、万延元年（1860）と元治元年（1864）にも江戸三座が類焼または失火によって全焼しており、かなりの頻度で火災が発生していました。

【25】

諸方屋敷・江戸損じ

江戸の武家屋敷の様子です。壁にはひびが入り、床の間の掛け軸は大きく振れ、武士と思われる人物が驚いています。「ふしん（普請）料」は応急処置や修繕に必要となるお金です。

前項に引き続き、江戸の様子です。安政東海地震の震源域は、その範囲については諸説あるものの、いずれも駿河湾より西側に限られており、江戸からはやや離れています。そのため、江戸の揺れは静岡県内の東海道沿いなどより弱かったと考えられ、震度は4〜5程度と推定されています。

江戸における安政東海地震による被害としては、たとえば前項でも紹介した斎藤月岑の地誌『武江年表』に「諸侯の屋敷で馬屋や土蔵の壁などが破損したところが多い。長屋がつぶれて即死した者もいた」などの記録が残っています。また、藤岡屋由蔵による『藤岡屋日記』にも同様の記録があり、こちらはより詳細に、破損した屋敷や店の住人の名前まで記載されています。また、かわら版にも安政東海地震による江戸の被害を記しているものがあります。

しかし、安政年間で江戸に大きな被害をもたらした地震といえばやはり安政2年（1855）の安政江戸地震です。これについては安政東海地震よりもはるかに多くの被害記録が残っていますので、その一端を次ページのコラムで紹介します。

【コラム】安政江戸地震

西南日本の広範囲が安政東海・南海地震により被災してから約 11 か月後の安政 2 年 10 月 2 日（1855 年 11 月 11 日）の夜、今度は政治の中心地である江戸が強い揺れに襲われました。安政江戸地震です。地震の規模を表すマグニチュードは 7 程度、揺れの強さは関東地方南部のほぼ全域で震度 5 以上、江戸周辺や利根川の旧河川跡地などでは震度 6 に達したと推定されています。江戸の中でも、本所・深川・浅草などの低地で特に揺れが激しく、逆に山手の方では比較的軽かったといいます。地震の直後に火災が発生し、1.5 平方キロメートルほどが焼失したものの、幸い風が静かだったため翌日には鎮火しました。江戸全体での死者はおよそ 1 万人と見積もられています。

この地震により、尊皇攘夷思想の大家であった藤田東湖が小石川（東京都文京区）の水戸藩上屋敷で犠牲となったことは有名です。倒壊する屋敷で母親をかばって庭へ脱出させたものの、自らは圧死してしまうという痛ましいできごとでした。地震災害を生き延びるためには、まず建物の耐震性を確保することが何にもまして重要であることを学ばねばなりません。（平井）

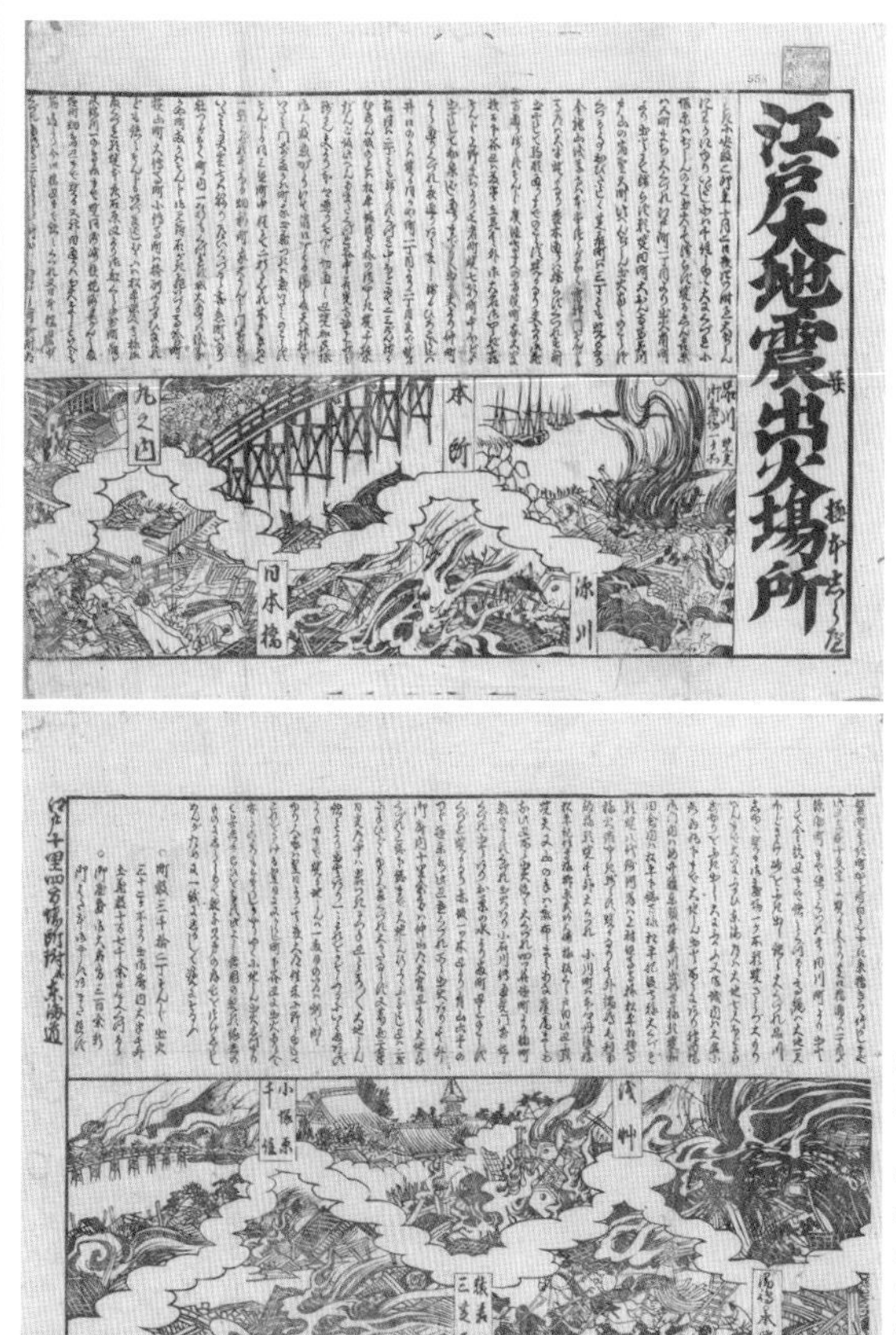

江戸大地震并出火場所極本しらべ
防災専門図書館蔵

安政江戸地震による江戸市中の被害と火災の状況について記したかわら版です。下段には品川・深川・本所・日本橋・丸の内・湯島・本郷・浅草・猿若町・小塚原・千住の各地の様子が描かれています。

【26】浅草・上野　僧正寺無事

大きな寺院の堂内の様子と、そこへつめかけた群衆が描かれています。「さいせん（賽銭）」の文字があり、すごろくとしてはここでペナルティが発生します。

浅草・上野は、それぞれ東京都台東区浅草の浅草寺と上野の寛永寺を指します。「僧正寺無事」とはどういうことでしょうか。「僧正寺」という名前の寺院は存在しませんが、これが「上野にある僧正の寺」を意味するのであれば、寛永寺以外には考えられません。あるいは、「僧正・寺無事」と読み、僧正（僧侶）と建物がともに無事であったという解釈もできるかもしれません。いずれにしても、この項目では浅草寺と寛永寺という江戸を代表するふたつの大寺院を取り上げています。本図は、堂内を埋め尽くす群衆と高い天井から吊られた提灯など、『江戸名所図会』に描かれた浅草寺の様子と共通の構図となっています。

前項で、安政東海地震での江戸の揺れは震度4〜5程度であったと述べました。そのためか、浅草寺・寛永寺いずれに関しても目立った被害の記録はありません。本項目で「無事」となっているのは妥当であると考えられます。しかし、翌安政2年（1855）10月2日の安政江戸地震では、両寺院ともそれなりの被害を生じています。浅草寺では鐘楼が倒壊し、寛永寺では宿坊が損傷して石灯籠がすべて倒れたといいます。

ところで、現在の上野恩賜公園には「上野大仏」があります。これは、幾多の災害を

歌川広重「東都名所 上野東叡山（とうえいざん）全図」東京都立図書館蔵

東叡山は寛永寺の山号です。

上野大仏

現在の寛永寺の山門と根本中堂

経験した末に顔だけが残るという数奇な経歴をたどった仏像です。寛永8年（1631）に越後村上藩主の堀直寄（なおより）により建立された後、正保4年（1847）の地震、安政2年（1855）の江戸地震、大正12年（1923）の関東地震（関東大震災）でそれぞれ頭部が落下し、損傷しました。また、天保12年（1841）の火災でも損傷しています。

さらに、関東地震以後は解体撤去され胴部を寛永寺が保管していましたが、昭和15年（1940）に軍事目的の金属資源として供出されました。現在の上野大仏は、寛永寺に残されていた顔面部分を昭和47年（1972）に現在の場所に安置したものです。

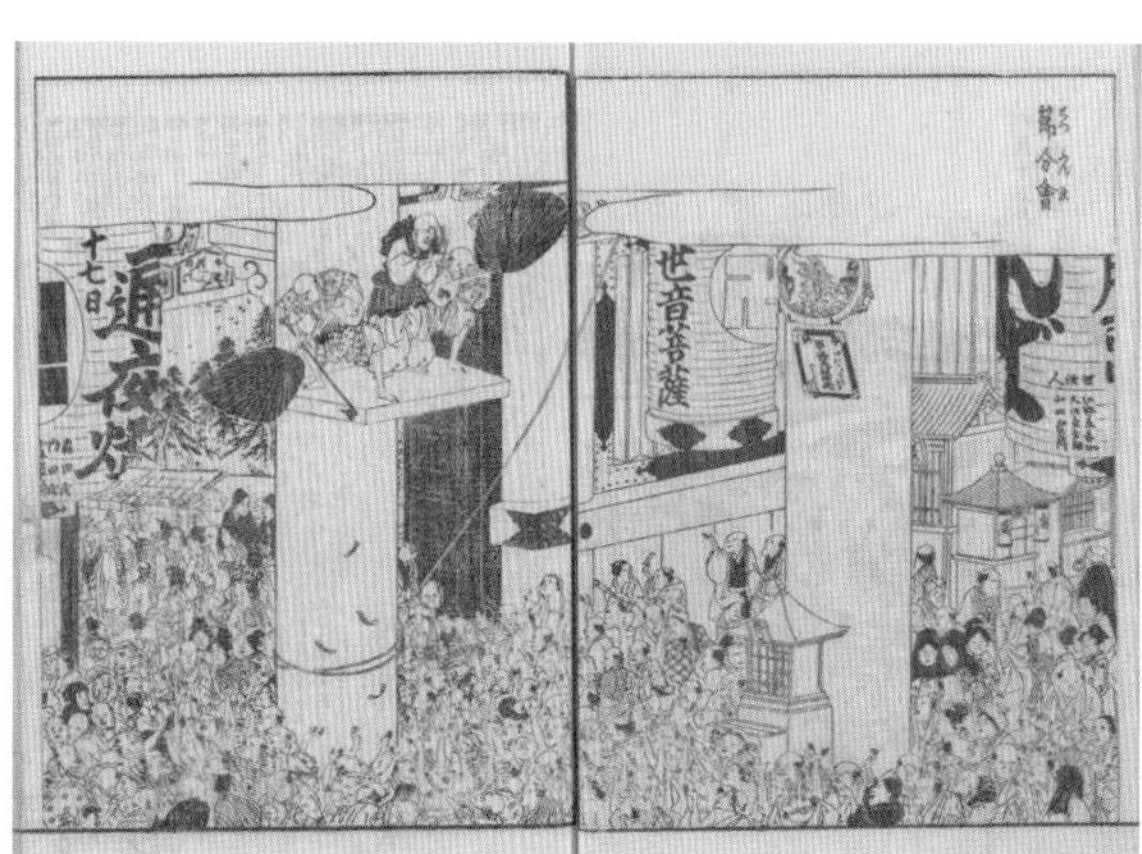

江戸名所図会７巻「節分会」
国立国会図書館デジタルコレクション

浅草寺の節分会における観音堂内部の様子を描いたものです。節分会の行事を江戸で大掛かりにおこなったのは浅草寺が最初とされ、江戸中で有名になっていました。

27

播州近辺

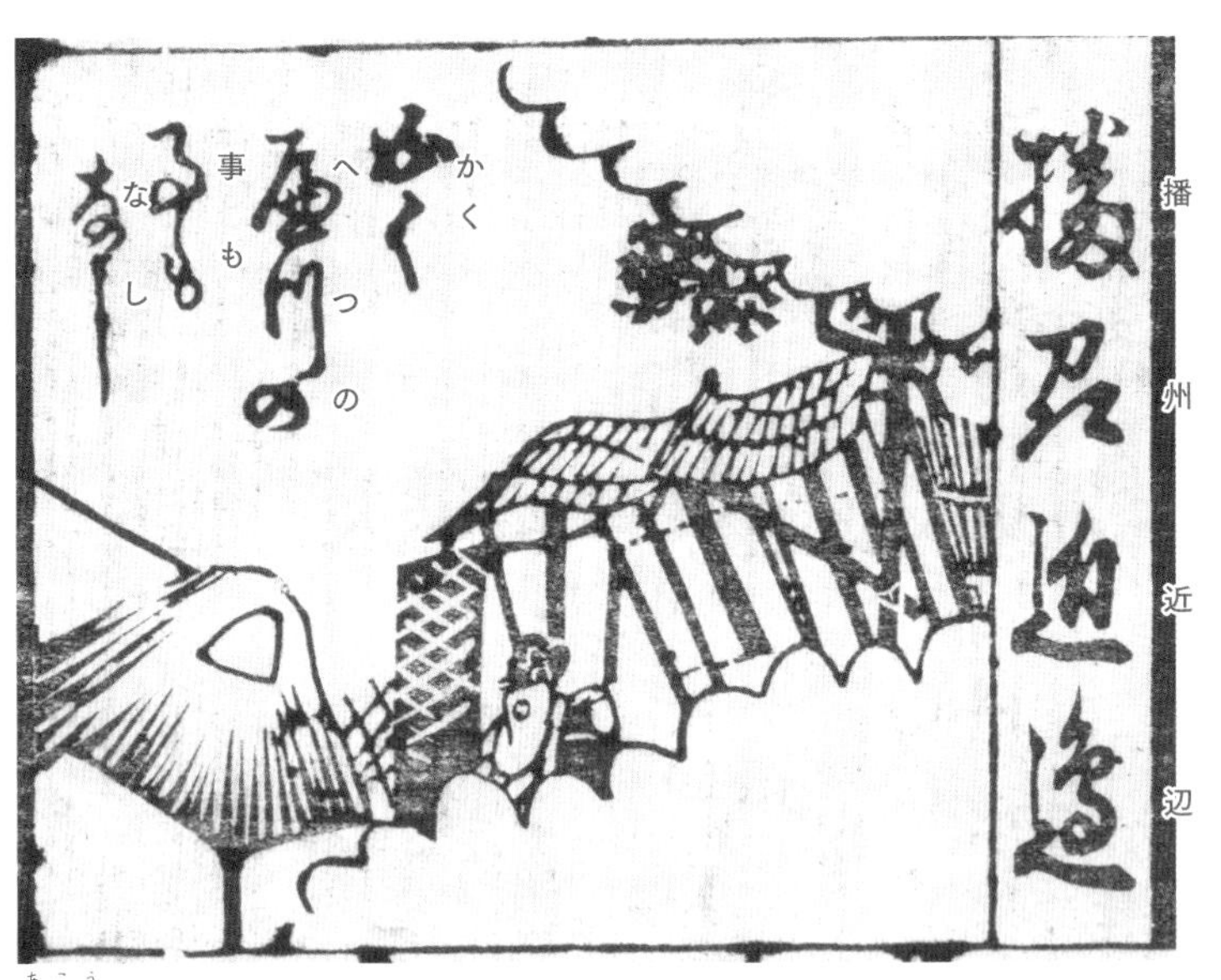

赤穂義士で有名な播州（兵庫県西部）は、「かくべつ（格別）の事もなし」と記されていますが、実際はどうだったのでしょうか。

播州は播磨国のことで、現在の兵庫県の本州部分の南西部にあたります。神戸市須磨区で、南向きに張り出した山並みと大阪湾との間の狭い陸地に鉄道・道路が集中している地域がありますが、このあたりより東側が摂津、西側が播磨となります。ちなみに、須磨の地名は摂津国の隅であることに由来するという説があります。

さまざまな記録から推定された揺れの強さは、姫路で震度5～6程度、加古川や赤穂では震度6程度となっています。また、同時期のかわら版「諸国大地震 弐編」では、近畿地方から九州までの地図とともに各地の情報が記載されていますので、播磨国に関する部分を見てみます。

中国筋は播磨国一円、明石の城内・城外、高砂、室津、姫路の城下で被害があった。赤穂城の近辺、すべて海岸沿いは津波に襲われた。そのほか、竜野城・三草・小野の陣屋が少々破損した。

いくつかの地名が出てきましたが、明石・高砂・姫路・赤穂・竜野・小野は現在も同名の市が存在しています（竜野はかつて「龍野市」の表記でしたが、平成17年〔2005〕に周辺3町と合併して「たつの市」になりました）。室津は兵庫県たつの市にある港町です。『播磨国風土記』にも天然の良港としてその名が記され、江戸時代には西日本の大名が参勤交代の折に上陸する地点として大変な賑わいを見せた海陸交通の要衝です。三草は三草藩の陣屋のことで、現在の兵庫県加東市上三草のあたりを指しています。

さて、兵庫県の播磨地域には、山崎断層帯が存在します。これは、兵庫県三木市付近から岡山県勝田郡奈義町付近にかけて延びているおよそ79キロメートルの長さの活断層帯です。航空写真で明瞭にわかる谷地形を形成しており、一部区間では中国自動車道がほぼこれに沿っています。貞観10年（868）に播磨国で大地震があったという記録が残っていますが、これは山崎断層帯に属する活断層が震源となって発生したものと考えられています。今後、主要部でマグニチュード7・7程度の地震が発生する可能性があり、わが国の主な活断層の中では地震発生の可能性がやや高いグループに属すると考えられています。なお、地震調査研究推進本部では、今後30年間に地震の発生する確率が3％以上のものを「高いグループ」、0・1～3％のものを「やや高いグループ」と呼んでいます。

姫路城

室津港

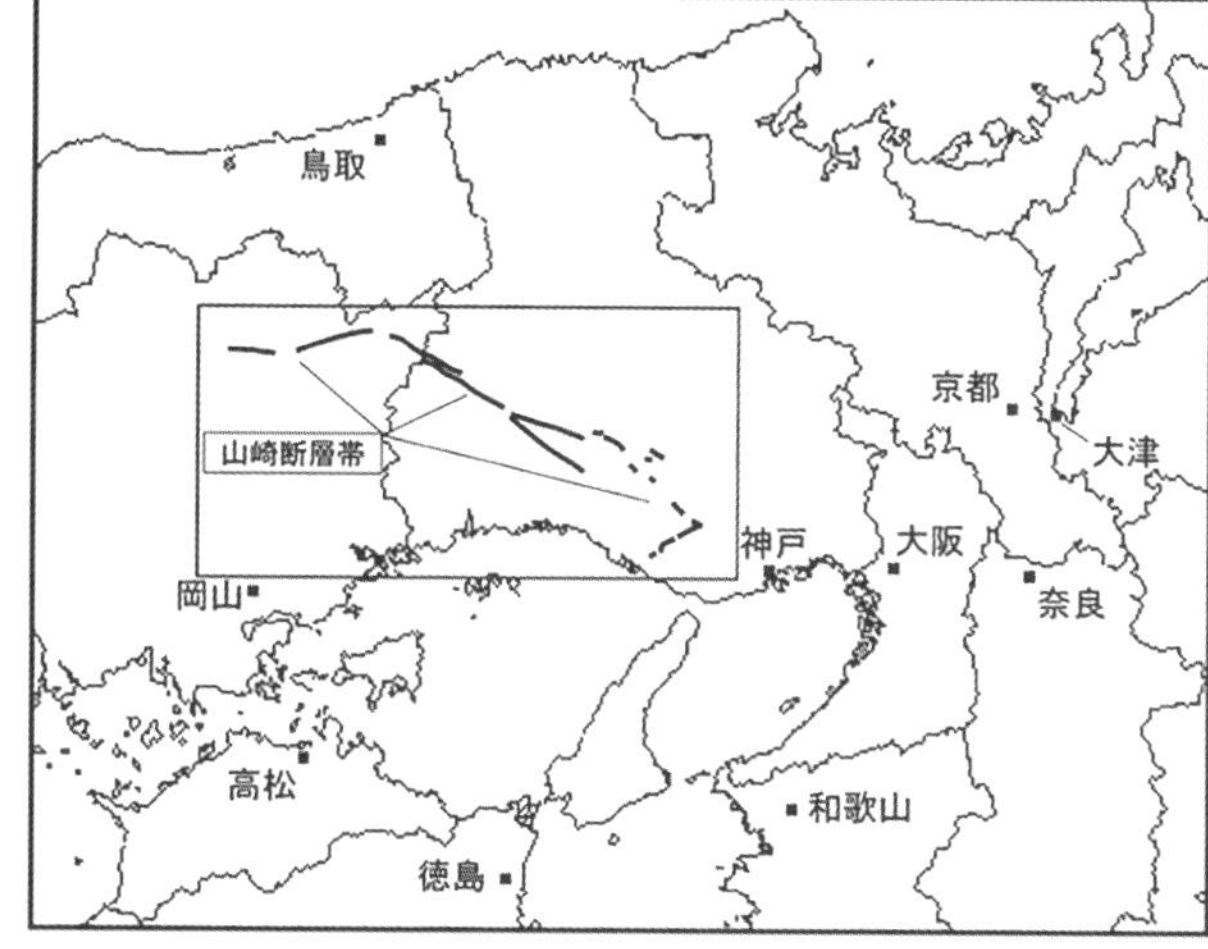

山崎断層帯の位置　地震調査研究推進本部「山崎断層帯」
https://www.jishin.go.jp/regional_seismicity/rs_katsudanso/yamasaki/

【28】美濃大雪・地震

積雪と吹雪の中で避難する人たちが描かれています。建物は傾き、壁にひびが入って一部崩れ落ちています。

美濃は現在の岐阜県南部に相当する旧国名です。【10】「越前敦賀地震、そのほか北国」の項目でも紹介しましたが、この年（安政元年、1854）はまれにみる大雪の年でした。岐阜県南西部の不破郡（垂井町と関ケ原町を含む）から滋賀県北東部にかけて、鈴鹿山脈と伊吹山地の狭間を抜けるあたりは、現在でも積雪の多い地域として知られています。さまざまな史料から、地震当時のこの地域の積雪量は、大垣や垂井で1尺（約30センチメートル）から1尺半程度と推定されています。「越前敦賀地震、そのほか北国」の項目で紹介した敦賀の3尺よりは少ない積雪ですが、それでも50センチメートルほどということですので、この状況下での屋外避難は困難を極めたことと思われます。地震による揺れの強さは、岐阜県西部の大垣・垂井で震度5～6程度と推定されています。

岐阜県南西部の状況について、たとえば『大垣市史』（昭和5年版）によると、安政東海地震の直後から住人はみな屋外へ出て小屋をつくり、そこで生活したという記録があります。11月30日にも連続して激しい揺れがあり、このときも住人は積雪1尺あまりに及ぶ屋外に小屋を設けて、おびえながら避難生活を送ったといいます。

さて、話題が安政東海・南

海地震から離れますが、岐阜県における代表的な地震として、濃尾地震が挙げられます。これは明治24年（1891）10月28日に発生した地震で、震源地は現在の岐阜県本巣市、マグニチュードは8.0と見積もられています。内陸地震としては、記録が残っているものの中ではわが国最大の地震です。震源断層としては、根尾谷断層帯・温見断層・梅原断層帯などが連動したものと考えられています。この地震により、江戸時代以来の一般的な建物は言うに及ばず、欧米の技術を導入した近代建築も被害を受け、4年前に開通したばかりの東海道本線の長良川橋梁が落下しました。さらに、死者数は7273人に上りました。この数は、平成7年（1995）の兵庫県南部地震（阪神・淡路大震災）による死者6434人よりも一回り大きいものですが、さらに明治当時の日本の人口が現在の3分の1程度であったことを考えあわせると、社会に与えた衝撃の大きさは計り知れません。この震災を機に文部省に震災予防調査会が設置され、日本の地震学や耐震工学の発展の契機となりました。岐阜県本巣市根尾水鳥に現れた地震断層（根尾谷断層）は、昭和27年（1952）に国の特別天然記念物に指定され、現在も保存・保護されています。

関ヶ原の積雪
関ヶ原には東西交通の大動脈である東海道本線・東海道新幹線・名神高速道路が集中していますが、豪雪地帯であるため、冬季にはしばしば交通のボトルネックとなります。

根尾谷断層
岐阜県本巣市根尾水鳥の風景です。破線で示す位置に根尾谷断層による段差がみられます。右端にある建物が根尾谷断層観察館・体験館で、断層によって断ち切られた地下の様子が保存され、観察できるようになっています。

【29】美濃竹ヶ鼻地さけ泥吹出す

地面から泥水が噴出する様子が描かれています。これは噴砂と呼ばれ、地震による激しい揺れによって地盤の液状化現象が起こった際にみられる現象です。「かいかい」は「怪怪」で、怪しい、不思議だという意味でしょうか。

前項に続いて、これも美濃国（岐阜県南部）に関する項目です。「竹かはな」は「竹ヶ鼻」あるいは「竹鼻」とも表記され、美濃路の脇往還である竹鼻街道・駒塚道の中継地として発展した町です。現在は岐阜県羽島市の一部となっています。

この項目は、すごろく「諸国大地震大津波末代噺」で唯一の液状化現象の記録です。液状化現象は、緩く堆積した砂地盤が地下水で満たされている場合に、地震によって激しい揺れにさらされると発生します。この条件は、河川の近くや旧河道、河口付近に形成された三角州などの低地にあてはまる場所がたくさんあります。わが国の大都市の多くは低地にあるため、大きな地震が発生した際にはしばしば液状化による被害が生じます。液状化が発生すると地盤が支持力を失うため、建物が傾く、転倒するなどの被害が生じるほか、地割れや地中埋設物の浮き上がりなどの現象が起こります。

わが国において液状化現象が注目されるきっかけとなったのは、昭和39年（1964）の新潟地震（マグニチュード7・5）です。信濃川の流域で大規模な液状化現象が発生し、躯体は壊れていないにもかかわらず足元から転倒した建物がありました。近年の大地震、たとえば平成7年（1995）の兵庫県南部地震（阪神・淡路大震災）、平成23年（2011）の東北地方太平洋沖地震（東日本大震災）、平成28年の熊本地震などでも、液状化が発生しています。

竹鼻は木曽三川のうちの2本である長良川と木曽川に挟まれた位置にあり、水運の要衝であったことから、商業の町として栄えていました。反面、このような立地条件であることから、液状化現象が発生しやすいところであるといえます。実際に、明治24年（1891）の濃尾地震の際にも、この付近で液状化現象が発生していたことを示すスケッチが残っています。現在、羽島市などが配布しているハザードマップにおいても、将来の大地震の際に液状化発生の可能性が高い地域とされています。ここでいう将来の大地震とは、養老・桑名・四日市断層帯の地震や、南海トラフ地震を指しています。また、竹鼻地域のみに限らず、羽島市全域が液状化発生の可能性が高い地域として注意喚起されています。

新潟地震で液状化現象によって転倒した集合住宅

田中長嶺「尾濃震災図録」（西尾市教育委員会蔵）に描画された濃尾地震時の液状化現象による噴砂
田中長嶺は、わが国で初めてきのこの人工培養法を開発するなど、明治殖産興業の先駆者と呼ばれる人物です。東京から京都への出張の帰路で濃尾地震に遭遇し、鉄道が不通となったため、被災地を徒歩で通過しました。その際、各地の被害の様子をスケッチに描きとめており、これは竹ヶ鼻付近を通った際のものです。液状化現象による噴砂と、それに驚く人物が描かれています。

竹鼻町付近
地理院地図

【30】伊勢両宮無事

かやぶきの屋根に棟木・鰹木・千木が載せられた神社の建物が描かれています。社殿は無事だったものの、灯籠は壊れたようです。

伊勢両宮とは、三重県伊勢市にある伊勢神宮の内宮と外宮を指しています。内宮は皇大神宮ともいい天照坐皇大御神（天照大神）を、外宮は豊受大神宮ともいい豊受大御神を祀っています。伊勢神宮は皇祖神である天照大神を祀ることからすべての神社の上に立つ神社とされ、正式名称では地名を冠することなく単に「神宮」とされています。

表題では「伊勢両宮無事」となっていますが、灯籠は壊れたけれども社殿が倒れることはなかったということでしょうか。神社の本殿や拝殿は寺院の本堂や一般の住居と比べて壁が多く、また伊勢神宮のような大きな神社では特に、しっかりとした太い柱・梁を組み合わせてつくられています。そのため、比較的地震に強い建物といえます。一方、灯籠は背が高いわりに躯体が細く、いわばふんばりのきかない形状であるため、強い揺れにさらされると崩れたり倒れたりすることがよくあります。

内宮・外宮にはそれぞれ宇治・山田と呼ばれる鳥居前町（門前町）があり、現在でも伊勢市の中心市街を形成しています。この地域は、安政元年（1854）6月の伊賀上野地震で震度5、同11月の東海地震で震度6、その翌日の南海地震で震度5～6程度の揺れに見舞われたと推定されています。伊賀上野地震ではさほどのことはなかったようですが、東海・南海地震では大きな被害がありました。宇治では比較的軽かったものの、山田では民家・土蔵・寺院の半数以上が損傷したといいます。伊勢神宮においても、石垣等が崩壊したという記録が残っています。

このころ、伊勢神宮はおおいににぎわっていました。そもそも、江戸時代は伊勢参りがさかんになった時代です。このすごろくが作成されたと考えられる大坂でも、伊勢神宮へ参詣するとともに大和・京都・近江八景などを見物する観光旅行のようなことがおこなわれていました。上方落語にも伊勢参りを扱った演目が複数存在します。これに加えて、安政元年6月の伊賀上野地震の直後、不安に駆られた近国の人々が参宮のために殺到しました。京都の朝廷からの勅使や大名の代参までもあったといいます。

また、翌安政2年（１８５５）の春は、諸国が困窮し宇治・山田の町も荒れてしまったにもかかわらず、祭りのように着飾って踊りながら神宮へ参詣する人々であふれかえりました。このころには異国船の来航もあり、社会不安が高まっていたことが関係していたようです。

ところで、伊勢神宮には20年ごとにすべての社殿・装束・神宝をつくり替える式年遷宮の伝統があり、安政の地震の直前では嘉永2年（１８４９）におこなっています。きちんと手入れがなされていれば、20年程度で社殿が老朽化することはありません。このことは、伊勢神宮には１０００年以上にわたって同じ構造・同じ強度の建物が存在し続けていることを意味しています。しかも、豊富な文書記録も残されているため、過去の災害、特に震源域が近い南海トラフ地震の強さを相互に比較する上で非常に重要な情報源となっています。

外宮正面

内宮の入口にかかる宇治橋

伊勢神宮（内宮）の灯籠

【31】

芸州・備前・備中・備後

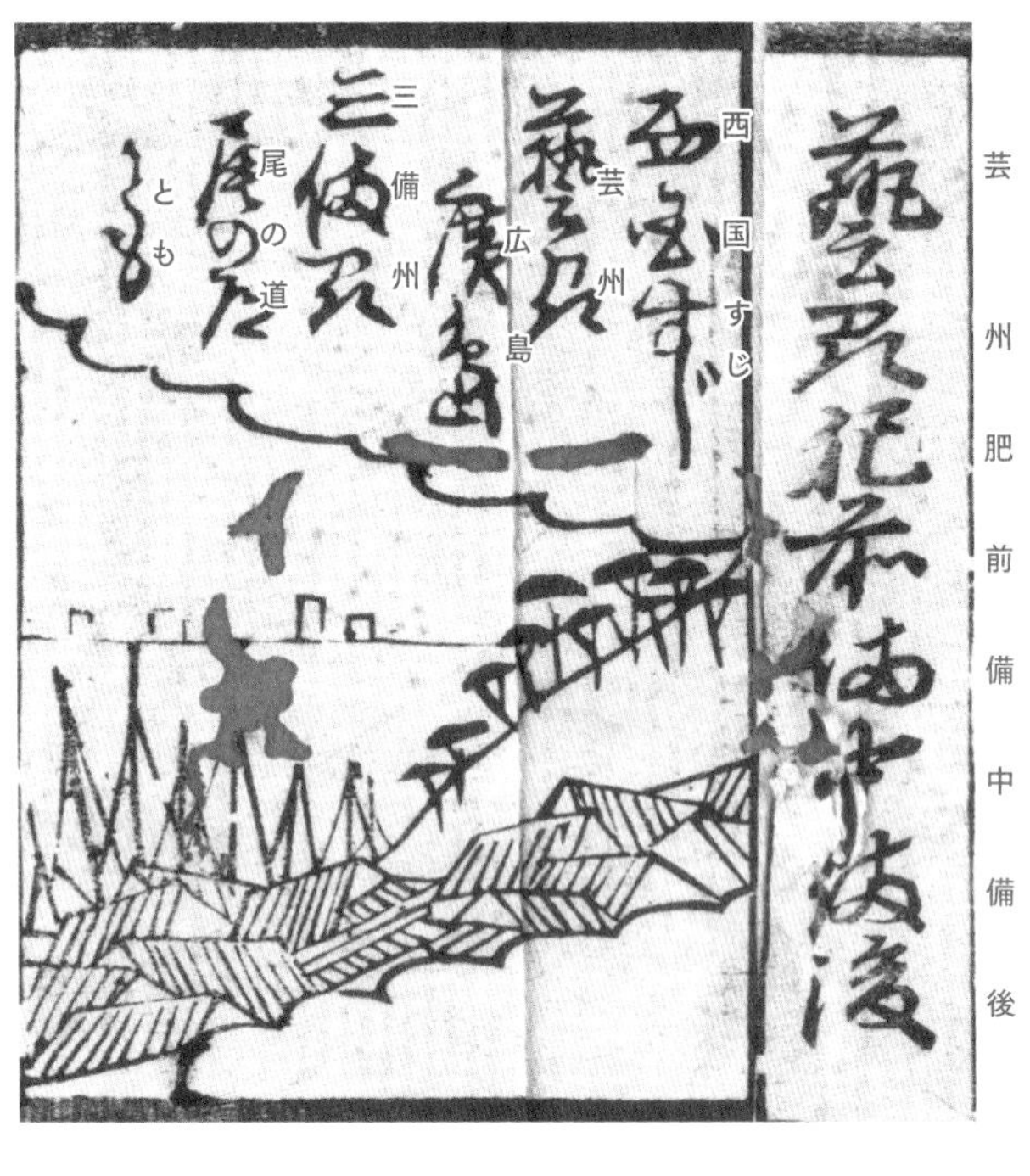

建物・小高い丘・多数の船の帆柱・海面が描かれています。瀬戸内海に面する港町の様子でしょうか。

芸州は安芸国のことで、現在の広島県西部にあたります。次に肥前と書かれていますが、その次に備中・備後とありますので、備前と書くべきところを誤ったのでしょう。備前・備中は現在の岡山県南部、備後は広島県東部にあたります。

図中上方の文字は「西国すじ芸州広島・三備州・尾の道・とも」と記しています。西国筋とは、ここでは瀬戸内海沿岸の諸国を指しています。三備州は備前国・備中国・備後国のことです。「尾の道」は現在の広島県尾道市、「とも」は広島県福山市に位置する鞆の浦を指します。尾道と鞆は、古くから瀬戸内海の重要港湾都市として機能してきたため、ここに地名を挙げられたのでしょう。

これらの地域の安政東海・南海地震時の状況として、まず広島県では安芸・備後地方ともに大きな被害があったことがわかっています。広島城下町では人家が崩れて死者数不明、福山城下では家屋がいたみ、井戸水が涸れたといいます。また、液状化と思われる噴砂の記録も残されています。岡山県では、川入村（現在の岡山県倉敷市の一部）の庄屋の記録『先考遺筆』によると、11月4日から7日にかけて強い揺れがあり、歩行もできないほどであったといいます。家屋の被害は、江戸時代以降に干拓してつくられた地盤の弱い地域に集中しており、地割れや液状化にともなう噴砂もみられています。

　ところで、瀬戸内海周辺の航空写真を見ると、東側から大阪湾・淡路島・播磨灘・備讃諸島・燧灘・芸予諸島・伊予灘と、島がほとんどない海域（灘）と多島海の様相を呈する領域（瀬戸）が交互に並んでいることがわかります。これは、瀬戸の部分は隆起域となっているため陸地がせり出すとともに島が多くなる一方、灘の部分は沈降域となっているためです。この隆起域と沈降域は、南側に横たわる中央構造線の活動によってもたらされました。

　西南日本の南方ではフィリピン海プレートが沈み込んでいます。もともとはほぼ真北へ向かって沈み込んでいましたが、およそ300万年前に太平洋プレートと衝突し、それ以降は北西方向へ沈み込むようになりました。その結果、西日本は西向きに引きずられることとなりますが、北側のユーラシアプレートはほぼ動かないので、領家帯と三波川帯と呼ばれる地質境界がずれ動くようになりました。これが中央構造線であり、現在でも非常に活動度の高い活断層です。こうして、中央構造線より南側の地域は西向きに移動することになりましたが、その動きは中央構造線の北側にも影響を与え、大地にしわが寄るように隆起域と沈降域が交互に配列する結果となりました。すなわち、地震の原因となるプレート運動や活断層の存在が、瀬戸と灘が交互に並ぶ独特の地形をつくり出したのです。瀬戸内海周辺地域は、その優美で変化に富んだ景観から、昭和9年（1934）には日本初の国立公園に指定されました。

陽光きらめく瀬戸内海の風景

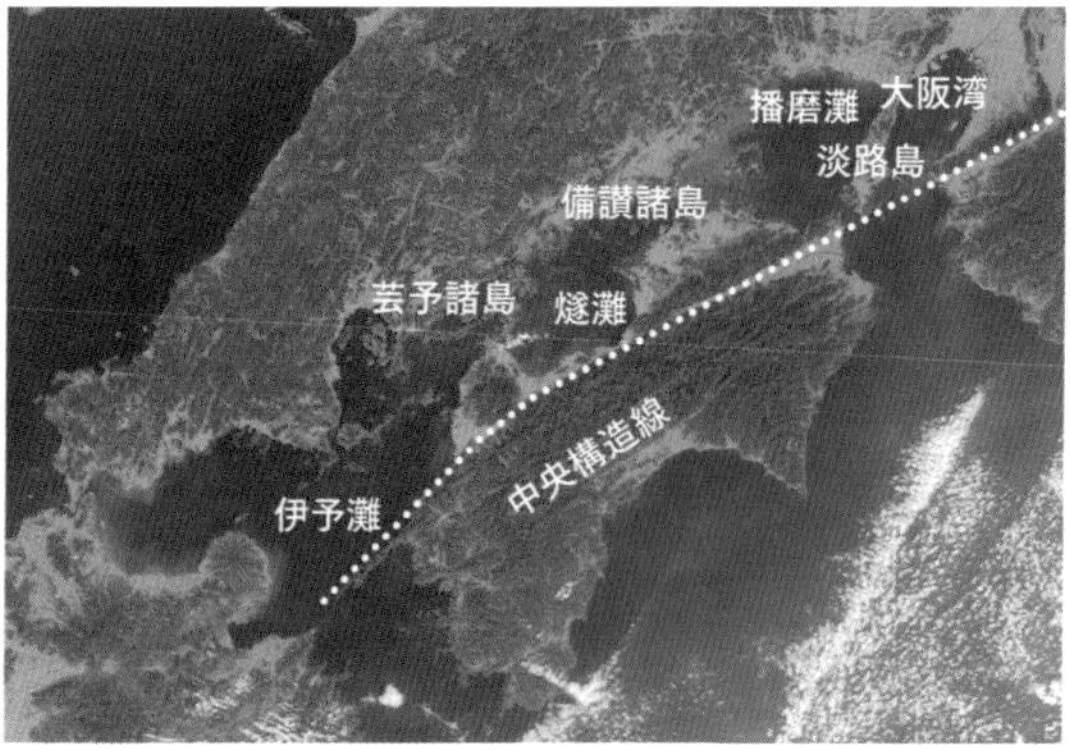

瀬戸と灘が交互に並ぶ瀬戸内海

【32】東海鳴海宿

東海道の鳴海宿は、現在の名古屋市緑区にありました。民家が激しく揺れて住人が逃げ出す様子が描かれています。

表題の「東海なるみ宿」は、東海道の鳴海宿のことで、現在の名古屋市緑区鳴海町の一部にあたります。鳴海の地名から、波の音が聞こえるほど海が近かったのではないかと想像することができます。実際に中世には熱田神宮（名古屋市熱田区）から鳴海付近まで鳴海潟と呼ばれる干潟があり、満潮時には海となる地形であったようです。日本武尊が鳴海潟で詠んだとされる「鳴海浦を見やれば遠し火高地にこの夕潮に渡らへむかも」という歌も残っています。また、近隣には織田信長と今川義元が戦ったことで有名な桶狭間もあり、歴史の愛好家の中ではよく知られた地域です。

図中の文字では「家六部つぶれ」と書かれています。「六部」は「六分」で、全体のおよそ6割がつぶれたという意味に解釈することができますが、実際のところはどうだったのでしょうか。安政東海・南海地震直後に尾張藩がおこなった調査の結果が『安政元年地震ニ付村々倒家人別書上帳』（徳川林政史研究所蔵）などの記録として残っており、それによると尾張藩領全体で１１９４軒の家屋が全壊、そのうち42件が鳴海代官所管内となっています。ただし、この記録は領内の倒壊家屋すべてを把握しようとしたものではなく、藩による救済が必要となる程度に難渋している人の数を把握したものです。そのため、実際には先に挙げた倒壊件数を上回る被害が発生していました。

ところで、鳴海宿から2キロメートルほど江戸寄りには間宿の有松が位置しています。間宿は、江戸時代の主要街道において宿場と宿場の間で休憩可能な町として興った、あるいは設置されたものです。

歌川広重「東海道五十三次　鳴海」減災館蔵

有松は現在まで歴史的景観が残る場所として知られており、平成28年（２０１６）には国の重要伝統的建造物群保存地区に指定されました。また、この地域は東海道随一の名産品とされる有松・鳴海絞（単に有松絞とも）の生産地として有名でした。有松・鳴海絞は現在でも国内外で高く評価され、国の伝統工芸品に指定されています。歌川広重の浮世絵「東海道五十三次　鳴海」でも、美しい藍色の有松絞を商う店が並ぶ有松の風景が描かれています。

有松の旧東海道沿いの景観

【コラム】かわら版いろいろ（4）東海道大地震津波出火

安政東海・南海地震における東海道の被害状況をまとめたかわら版です。手前に東海道を描いた扇を置き、奥に富士山を配置。扇面下には、津波に揉まれながら陸に打ち込む船々を描いています。蒲原宿から東側の宿場については「詳細が届いていない」と書かれており、図は蒲原周辺を大きく雲で隠しています。加えて、「11月10日迄の知らせでは、中山道の熊谷宿から碓氷峠までが山崩れで大荒れ」とあります。被害の全容がわかっていない時期に、速報的に出されたかわら版のようです。海沿いだけでなく、山間部にも大きな被害がある一方で、本編【20】同様、富士山は泰然とそびえています。

東海道大地震津波出火　防災専門図書館蔵

かわら版としては珍しく「芳豊画」、「尾与板」と、絵師と版元名が書かれています。歌川芳豊は幕末の浮世絵師で、歌川国貞及び歌川国芳の門人でした。（末松）

【33】

日向飢饉

表題に飢饉、図中に不作と書かれ、作物の実らない耕作地を見て途方に暮れる人たちの姿が描かれています。

日向は現在の宮崎県にあたります。飢饉とは、農作物が実らず、食物が欠乏して人々が苦しむことをいいます。

江戸時代には、たびたび飢饉が発生していました。特に有名なものとして、享保の飢饉（１７３２）、天明の飢饉（１７８２～１７８８）、天保の飢饉（１８３３～１８３９）が挙げられます。中でも天明の飢饉は江戸時代最大のもので、飢饉に続いて疫病が流行したこともあって、全国で90万人以上が死亡しました。飢饉の直接の原因は、天明2年（１７８２）から東日本を中心に天候不順が続いたことに加え、天明3年7月の浅間山（長野県・群馬県）の噴火による降灰で田畑が埋まってしまったことといわれています。このように、自然災害が原因となって飢饉が発生することはよくみられますが、その場合は災害の発生から飢饉の発生に至るまで多少の時間差があります。この項目に記されている飢饉は、安政東海・南海地震と直接関連するものではないと思われます。

地震による被害はどの程度だったのでしょうか。『宮崎県史』には、安政元年（１８５４）11月5日のできごととして「日向全体に大地震おこる。佐土原・高鍋・飫肥・高千穂等に被害がある。飫肥藩では、津波により外浦の人家・天保堤も破れる」とあります。ここに記されている佐土原・高鍋・飫肥はいずれも日向にあった藩の名前です。

この他、飫肥藩の家老であった平部嶠南（ひらべきょうなん）の著作『六鄰荘（ろくりんそう）日誌』に飢饉と地震の様子が克明に記されていますので、紹介しておきます。まず、安政元年9月3日の項目には、領内の飢饉の様子について次のように記されています。

> 十余年来凶作が続いたうえに、今年もまた凶作である。村々の困窮は命に関わるほどであるため、今年の徭役（ようえき）ならびに年貢を免除された。

また、同年11月5日の項目には、安政南海地震による揺れについて次のように記されています。

> 急にめまいがして地面へ倒れかかったところ、向こうに見える山々・峰々が震動して3、4尺ほども互い違いになっている様子を見て、これは地震だと気づいてそばにあった畑の中へ跳び下りた。暫時の間の地震であったが、その激しさといったら実に山岳も崩れるのではないかと思えるほどであり、誰もが驚いて顔色を失っていた。

ところで、宮崎県の東側に広がる日向灘の海底では、繰り返しマグニチュード7クラス以上の大地震が発生してきました。ユーラシアプレートとフィリピン海プレートとの境界面で発生する海溝型地震であり、日向灘地震と呼ばれています。一説では、史上最大の南海トラフ地震である宝永4年（1707）の宝永地震では震源域が日向灘まで連動した可能性があるといわれています。これを受けて、理論上の最大クラスとして想定されている南海トラフ巨大地震の震源モデルは、日向灘を含めて設定されています。ただし、この巨大な震源域の想定は「理論上否定できない」というものであり、決して「次の南海トラフ巨大地震がこの規模で発生する可能性が高い」というような意味ではないことに注意しておきましょう。しかし、日向灘で繰り返し地震が発生していることは間違いなく、揺れや津波に対する備えが重要であることはいうまでもありません。

宮崎県の日南海岸から日向灘をのぞむ。この海の底で、二十数年ごとに大地震が発生しています。

【34】

要石（かなめいし）

鳥居の向こうには注連縄を巻かれた大きな岩。手を合わせている人物は、何を念じ、祈っているのでしょうか。

　要石とは、地中で地震を起こす鯰を押さえ鎮めていると信じられている霊石です。これを称する石は各地の神社にありますが、中でも鹿島神宮（茨城県鹿嶋市）と香取神宮（千葉県香取市）のものが特に有名です。ただし、実際の要石はいずれも大部分が地中に埋まっており、地上に出ている部分はこの図のように巨大ではありません。かわら版「あんしん要石」（98ページ参照）には大きな要石がどっしりと描かれており、本図もこのイメージに近いものかもしれません。なお、『水戸黄門仁徳録』に、徳川光圀が鹿島神宮の要石を掘り出してみようとして七日七晩にわたって掘り続けたが、掘った穴がひとりでに元通りに埋まってしまうとともに、けが人が続出したために頓挫したという話があります。

　鯰が地震を起こすという俗信はよく知られており、聞いたことがある人は多いでしょう。両者を結び付けた文献資料としては、文禄元年（1592）の豊臣秀吉による伏見城建設に関する書簡に「ふしみのふしん、なまづ大事にて」とあるのが最古とされています。しかし一方で、江戸時代初期には、地下に巨大な竜がいて日本の国土を支えており、これが動くことによって地震が起こるという考えもありました。延宝6年（1

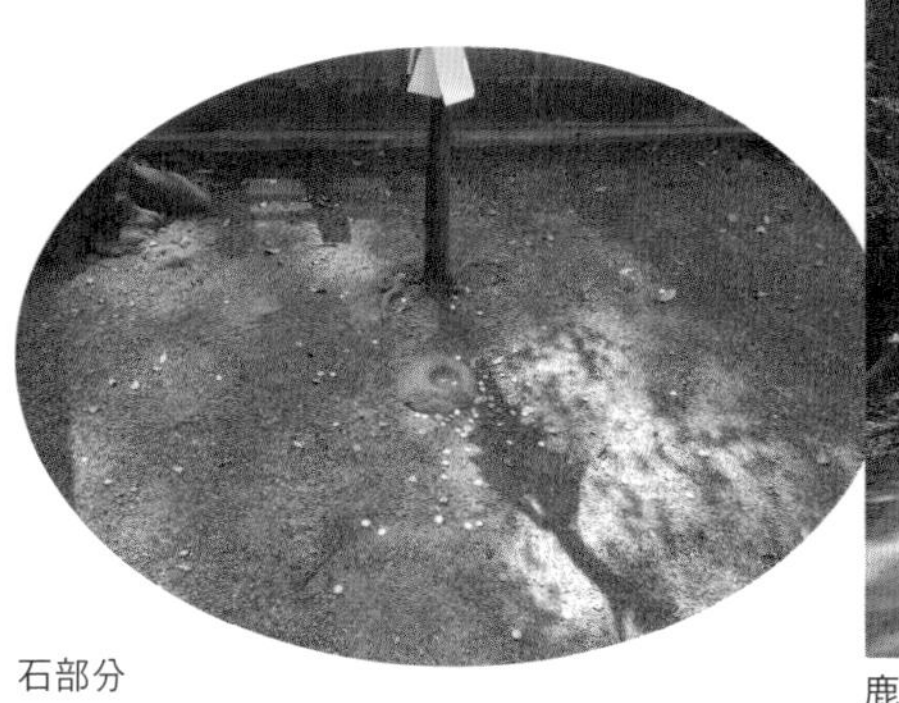

石部分

鹿島神宮の要石

石部分

香取神宮の要石

678）の松尾芭蕉（当時の俳号は桃青）が加わった連句には、「大地震つづいて竜やのぼるらん　似春／長十丈の鯰なりけり　桃青」というものがみられます。弟子の似春が大地震を竜にたとえて美化したのに対し、芭蕉は鯰にたとえて茶化しています。時代とともに地震の原因として鯰が竜に取って代わり、安政2年（1855）の安政江戸地震の後には大量の鯰絵が描かれることになりました。

さて、鹿島神宮が位置する茨城県は、かつては常陸国と呼ばれました。これは陸奥にじかに接する国という意味です。古代の大和朝廷から見て、いまだ支配力が及んでいなかった異界である陸奥に接する常陸は、大変重要な場所でした。鹿島神宮と香取神宮の祭神である武甕槌神と経津主神は、『古事記』『日本書紀』においては国土平定に貢献した軍神であり、北方の外敵に対する守りとしてこの地に祀られました。要石も、畏怖すべき異界からの力を封じ、国土を防護する役割を担うものと考えられます。地震もまた国土を揺るがす外敵のひとつであるとみなすなら、要石が地震を鎮めるという伝承が発生したことはうなずけます。

【35】米安値

山のように米俵が積み上げられ、左端には「大安売」の文字がみられます。ここはどこの町でしょうか。

項目にある「安直」は、ここでは「安値」と同じ意味に解釈します。

【33】「日向飢饉」の項目において、安政元年（1854）当時、日向では十余年来の凶作により飢饉が発生していたことを紹介しました。一見、日向の飢饉と本項目の「米安値」「大安売」は矛盾するようにも思われ、奇異に映ります。しかしながら、江戸時代の米の価格を調べた研究によると、実際に安政元年当時の米価は、少なくとも前年の嘉永6年（1853）よりは下がっていたようです。たとえば、明治45年（1912）発行の『米価史』によると、嘉永6年の米価は1石あたり101匁75厘であったのに対し、安政元年には98匁5厘となっています。また、大正3年（1914）発行の『米価変動史』によると、嘉永6年12月の米価は1石あたり107・7匁、安政元年12月には84・8匁となっています。具体的な金額はやや異なりますが、嘉永6年と比較して安政元年の米価が低かったことは確かでしょう。

嘉永6年に米価が高騰した原因は、ペリー率いる黒船が来航したことにともない浮説が出回り、金銀や米穀の買い占めがおこなわれたことにあったようです。翌安政元年は、6月の伊賀上野地震と11月の安政東海・南海地震による損害があったものの、さいわい米は豊作であったため、米価は次第に下落しました。ただし、前述の通り、日向は凶作であったようです。

なお、米の量は、10合で1升、10升で1斗、10斗で1石、すなわち1石は1000合です。江戸時代には、1人が1度の食事で食べる米の量が1合程度とされていたため、1石はおおむね1人が1年間に食べる米の量に相当します。

米俵（鴻池新田会所展示のレプリカ）

【コラム】かわら版いろいろ（5）諸国大地震

安政東海・南海地震の被害状況をまとめたかわら版です。文章は、東海道の被害状況を相模国から京・大坂まで列挙し、続いて九州までの被害状況と、信州の被害状況を列挙しています。図は、江戸から大坂までのエリアを、各地の被害状況を加えて示しています。この、富士山を中心に大胆にデフォルメした東海道の画面構成は、葛飾北斎の「東海道名所一覧」や、歌川広重の「参宮上京道中一覧双六」などにもみられます。

「嘉永７年 11 月新板」と、出版時期が書かれています。「東海道大地震津波出火」（コラム　かわら版いろいろ〔4〕にて紹介）に比べると、広範囲の情報が詳細に書かれています。11 月の末頃の発行でしょうか。左右２枚組で、縦 36 ×横 94 センチメートル、大型のかわら版です。（末松）

諸国大地震　防災専門図書館蔵

左側に大きく富士山を描き、右側に主要都市が来るように描いています。そのため、図の右端だけを見ると、江戸の上に名古屋、その上に京・大坂、という不思議な図に見えます。ただし東海道の宿場に着目して道を追ってゆくと、構図と折り合いをつけた上で、53 の宿駅がちゃんと描かれています。また各地の被害状況も、本文に対応して描き込まれています。

（右下部分）

【36】大坂上り

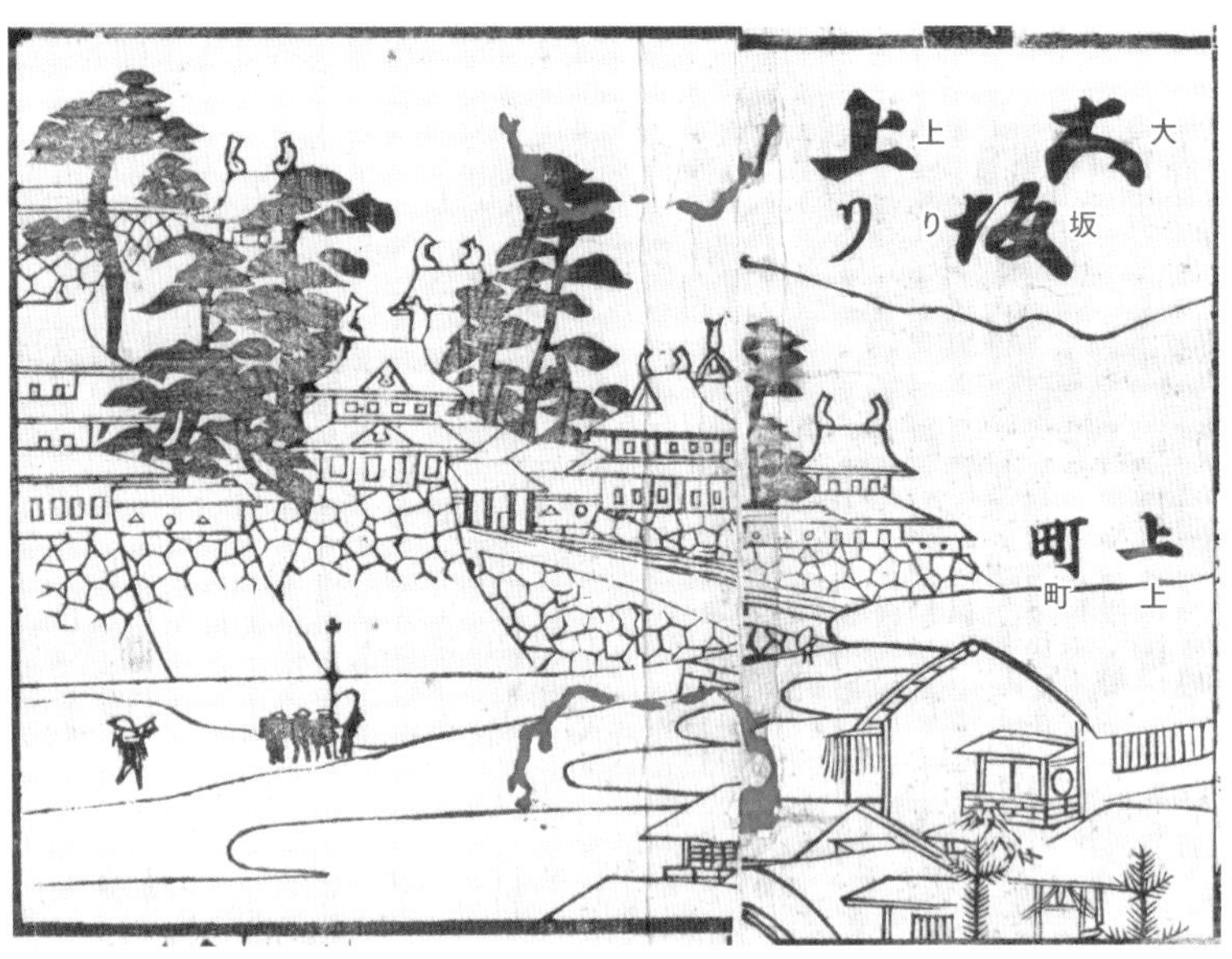

大坂から始まり、諸国の様子を見てまわって、大坂へ戻ってきました。

かわら版すごろく「諸国大地震大津波末代噺(まつだいばなし)」を題材に、安政東海・南海地震時の各地の状況を見てきました。被災範囲が非常に広いため、当然、すごろくに取り上げられた内容が被害のすべてではありません。本書で紹介しているのはごく一部であり、他にも多くの場所でさまざまな被害が発生していました。

安政東海・南海地震は歴史時代の中では比較的新しい時期の災害であるため、史料が多く残っており、調査・研究も進んでいます。興味を持った読者は、ぜひ、他の文献も参考にしながらより深く学んでください。また、安政東海・南海地震に限らず、自分の居住地域で過去に発生した災害について調べてみることも防災・減災につながります。

最後に、今後発生しうる地震災害について考えてみましょう。地震は単なる自然現象ですが、震災は社会インフラや建築物、政治・経済等の社会システムの脆弱性に起因する社会現象です。そのため、同程度の地震が発生した場合でも、その場所や時代によって被害の様相と程度は大きく異なります。

安政・昭和の時代と比べると、現在の社会インフラや建築物の耐震性は飛躍的に向上しています。被災者を支援するしくみも、不十分な点が指摘されることもあるとはいえ、かなり充実しています。それでは、現代を生きる私たちは、過去の災害で辛酸をなめた人々に対して「災害に強い安全な国を作り上げました」と胸を張って言えるでしょうか。

現在の日本は少子高齢化と人口減少、東京一極集中に象徴される大都市の過密化と地方の過疎化が進んでいます。過密化した都市では、低地や丘陵地へ市街地を拡大するとともに、建物を高層化させました。低地は水害や液状化、丘陵地の谷埋盛土は土砂災害のリスクが高く、高層建物は長周期地震動により大きく揺れる危険があります。また、社会のしくみそのものがかつての自律分散型から高度に分業化されたものへ変容し、電気・ガス・水道・交通・通信の整備が進んだ反面、これらが途絶することによる損害など、かつては存在しなかった種類の被害が発生するようになっています。

過去の災害から教訓を学び取ることは重要ですが、一方で人間社会の変化により過去に経験したことのない事象が起こる可能性も考えておく必要があります。思いもしなかったことが起こるのである――これもまた、歴史上の災害から学び取ることのできる教訓なのです。

幕末の大坂城　大阪城天守閣蔵
慶応元年（1865）～2年頃に撮影されたと考えられる大坂城本丸東側諸櫓の写真です。

現在の大阪城と大阪市街地
中央の緑地は大阪城公園、右手前の高層ビル群は大阪ビジネスパーク、画面奥側に大阪市の中心市街地と大阪湾が広がります。大都市は経済成長の担い手となってきましたが、人や物資が密集していることによる特有の災害リスクもかかえています。

【コラム】かわら版いろいろ（6）あんしん要石

これは、安政江戸地震の後を描いた「鯰絵」の一種です。図の左に、本編【34】でも紹介された要石が描かれています。

江戸時代、地震は地中の鯰が動くことで起きると信じられていました。この鯰を押さえつけることができるのが、要石でした。そのため地震の後に多くの人々が祈願に訪れています。奥の方までぎっしりとつめかけた人々は何を祈っているのでしょうか？　図にびっしりと書き込まれた文字を読むと、人々の願いがわかります。

お年寄りは、「このたびの災難を逃れることができ、ありがとう存じます。私はもう年寄りでございますから、長く生きる心もありませんが、どうぞあと200～300年、私の生きているうちは地震のないようにお守りください」。大工は、「方々のお得意様から、来てくれ来てくれと大変な有様で、どうにも体が続きません。何とぞ10人前働ける体にしてください」。瀬戸物屋は、「日頃の信心のおかげで、今回は皿や鉢が少し壊れただけですみました。これは全くあなた様のおかげとよろこんでおります。今後は地震のないように、もし、ある場合は事前にちょっとお知らせ下さるようお願い申し上げます」。この他に、奥さまや吉原の人、医者など様々な人々が、次々に身勝手なお願いをしてゆきます。最後に理屈者が「あなたは地震をおさえる神というが、今度このようなことがあったらどうします？」と、問うと、要石が「今度、一分でも動いたら石がえし（意趣返し）をしてやる」と答えてオチがついています。（末松）

あんしん要石　防災専門図書館蔵

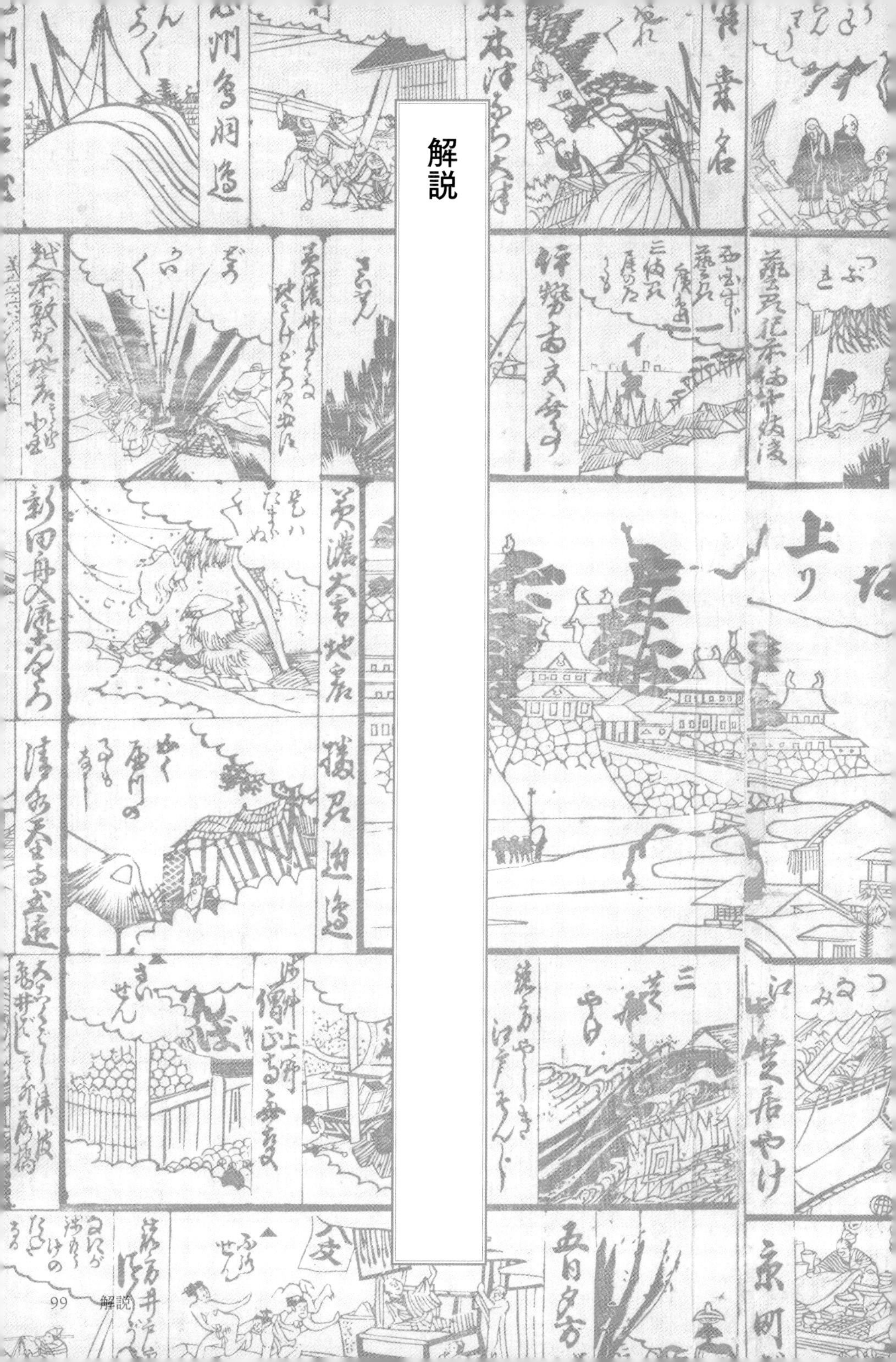

解説

【1】歴史地震研究と古文書

日本列島では、4枚のプレートの収束による地殻変動や火山活動、アジアモンスーン地帯に属するゆえの風雨などによって、多様で豊かな自然環境が形成されてきました。四季折々の明媚な景観、火山や温泉、豊富で清冽な水資源などは、こうした環境によりもたらされたものです。日本列島を取り巻く自然は、このように恵みを与えてくれる一方で、すさまじい災いももたらしてきました。プレート運動にともなう地震や火山噴火が頻発し、台風は毎年のように列島を縦断していきます。周囲を海に囲まれているため、地震による津波や台風による高潮にも襲われてきました。内陸においても、山地や傾斜地では土砂災害の危険があります。また、大陸の国と比べて勾配の急な河川が多いため、

図１　風光明媚な日本の風景
（長崎県佐世保市）

図２　阪神・淡路大震災の惨状
人と防災未来センター提供

図３　東日本大震災の津波
東北地方整備局提供（200083：山田町）

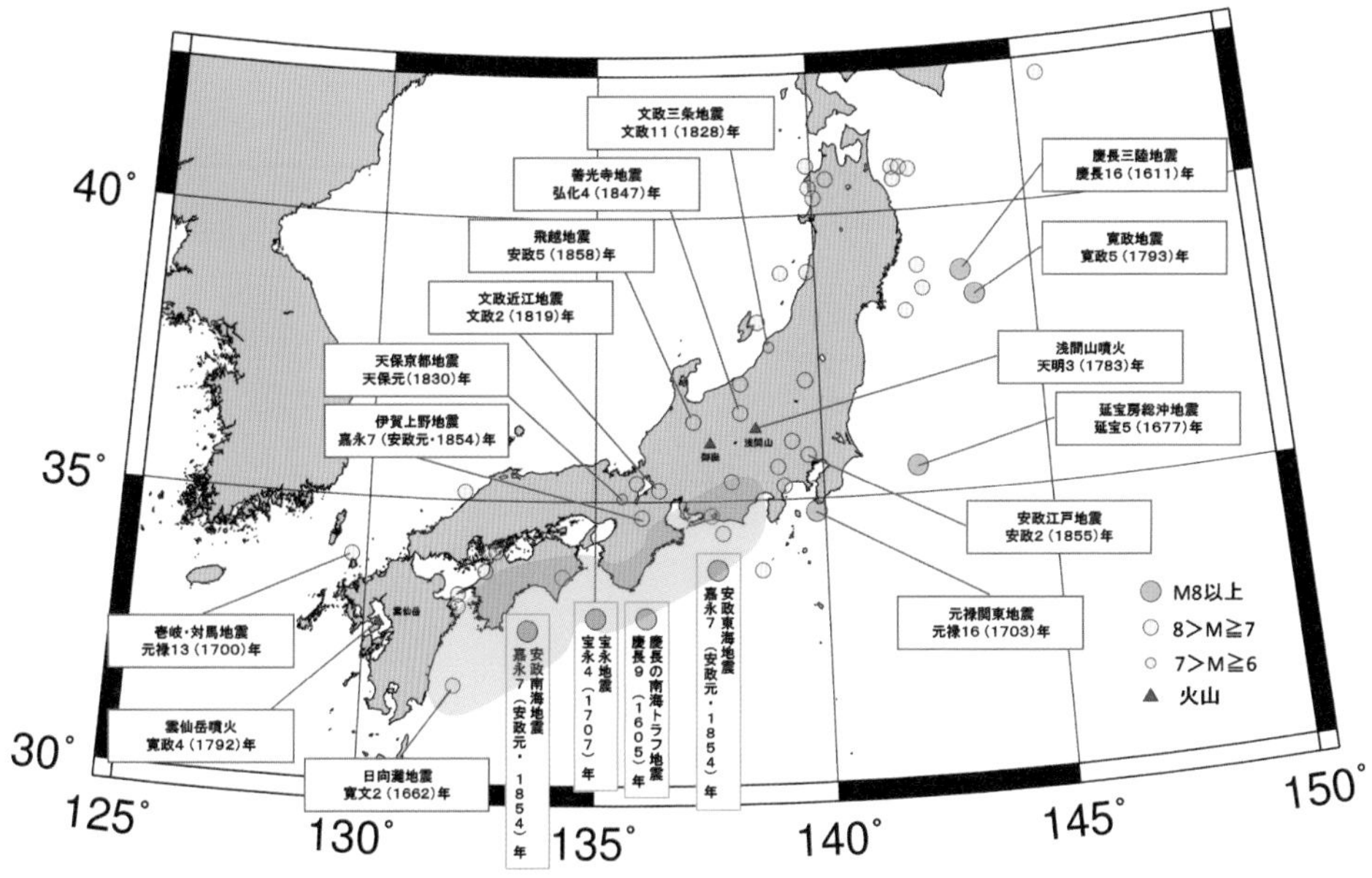

図４　江戸時代に日本列島周辺で発生した主な地震と火山噴火

上流で降った雨により河川が増水しやすく、水害にもたびたび悩まされてきました。日本の歴史は、災害との闘いの歴史であったといってもよいでしょう。本書で紹介する安政元年（１８５４）の安政東海・南海地震は、日本の歴史に残る大地震のひとつ[1]です。

有史以来、繰り返し自然災害に見舞われてきた日本では、その都度文書記録が残されてきました。朝廷・幕府・寺社・商家などの記録、文化人の日記、そして本書で紹介するかわら版などです。こうした記録を調べることで、過去の自然災害について、その発生時期、発生場所、被害の特徴・大きさ・分布などを知ることができます。さらに、これらの情報を総合して、被害をもたらした現象の自然科学的な理解につなげることもできます。たとえば地震の場合、震源断層はどこにあったか、地震の規模を表すマグニチュードはいくらだったか、各地の震度はどれくらいだったか、などということを推定することができます。

もちろん、地震学においては、地震計などの計器を用いた定量科学的な研究もおこなわれています。むしろ、そちらのアプローチの方が主流であるといえるでしょう。

しかし、現在使われているような地面の揺れ（地震動）を記録する地震計が発明され

図５　今村明恒（1870-1948, 東京帝国大学の地震学教授）が開発した地震計

図6　清洲城の遺跡発掘調査で見つかった液状化痕跡の標本　名古屋大学減災館1Fの展示

たのは明治13年（1880）のことであり[2]、現在までたかだか百数十年分の地震の記録しか存在していません。それに対して、海底のプレート境界面で起こる大地震の繰り返し間隔は数十年から百数十年、内陸の活断層で起こる地震の繰り返し間隔は1000年を上回ります。そのため、近代的な計器による観測がおこなわれた地震を研究対象とするだけでは、地震現象の全体像を理解することは困難です。ここに、歴史記録を解読して過去の地震災害を探ることの意味があります。

もっとも、地震研究の立場からいえば、歴史時代の地震を知るための手がかりとなりうるのは文書記録のみではありません。たとえば、掘削調査により、その場所を襲った過去の地震や津波の履歴を探ることができます。こうした地球科学的調査からは、数千年あるいはさらに以前の災害について客観的に知ることができます。一方、文書記録による情報にはいくぶん主観的な内容が含まれており、科学的研究の場においては、注意が必要となることがあります。しかし、これは逆に、災害によって人間社会に生じた被害や、それに対してどのような対応がなされたかを示すものであり、防災の観点からは非常に重要な意味を持っています。

現在まで各地に残っている古文書・古典籍・古絵図は、過去に日本列島で発生した災害について、先人が書きとめた貴重な記憶を今日に伝えるものです。災害の「体験者」の言葉から真摯に教訓を学び取り、今後の災害への備えを進めることが重要です。すごろく「諸国大地震大津波末代噺」は、直接的な体験を記録したものではありませんが、安政元年（1854）の冬に発生した安政東海・南海地震による各地の被災状況をまとめて刊行されたかわら版であり、こうしたものを通して当時の人々が遠方の情報を知りえたことがわかります。

（平井）

注

（1）被害の記述としてはまとめて記載されていることが多いため、ひと続きの災害と考えることもできますが、地震は東海地震と翌日の南海地震のふたつに分かれて発生しました。

（2）地震による揺れの波形を記録するのではなく、揺れが発生したことを知らせるのみのものであれば、132年に後漢の張衡が発明した「地動儀」が最古の地震計とされています。

2 地震が起こるしくみ

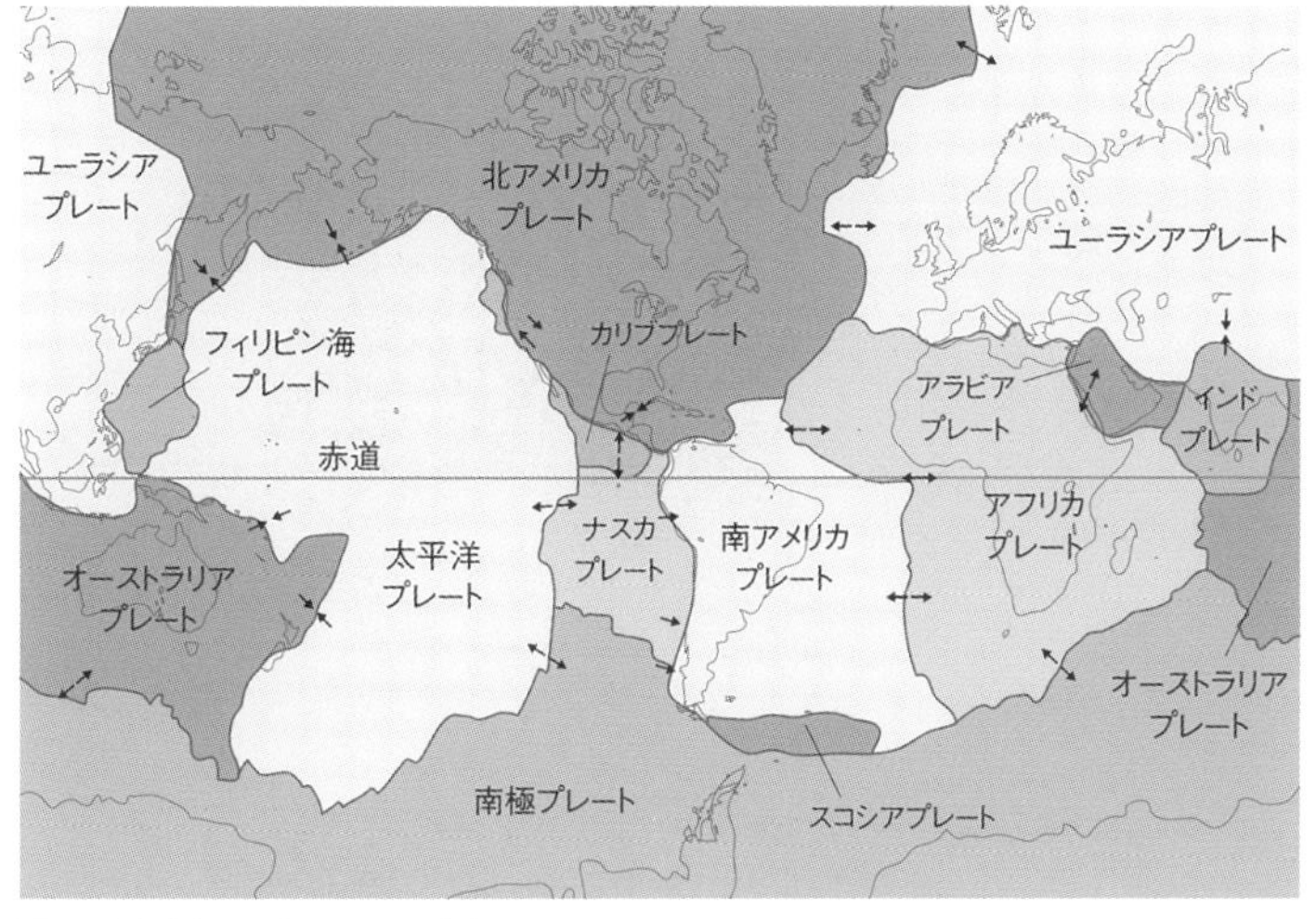

図７　地球上のプレートの分布
『耐震工学　教養から基礎・応用へ』（講談社）から転載

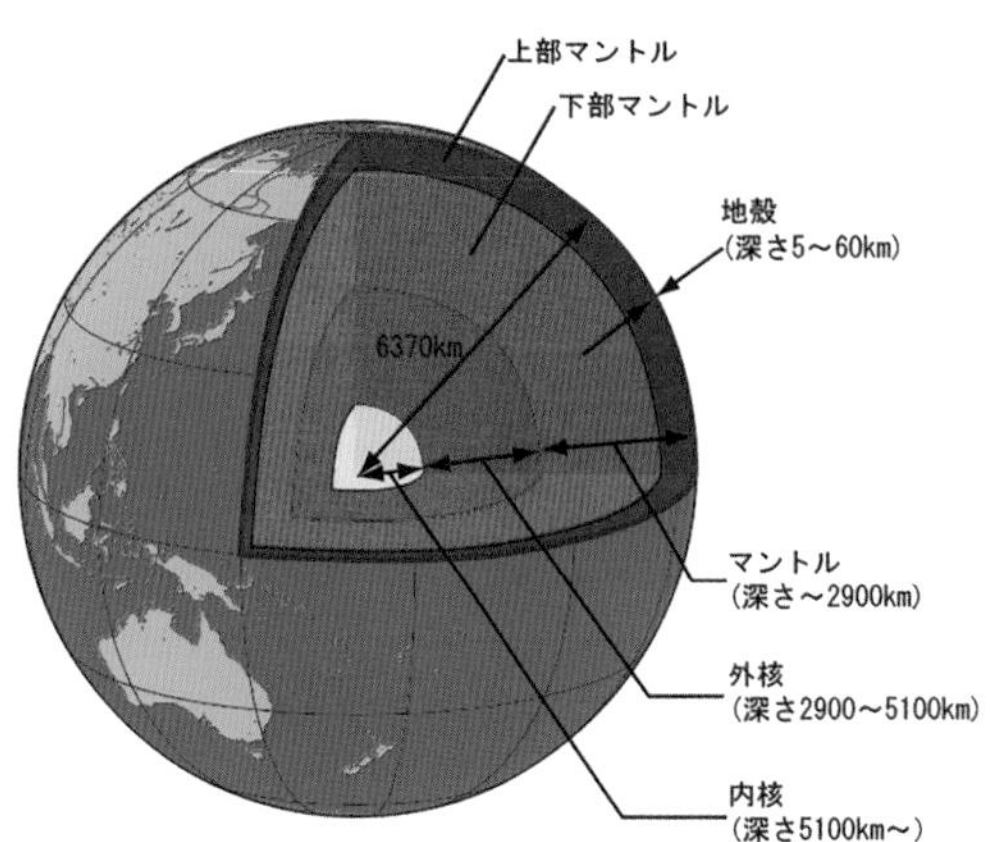

図８　地球の内部構造
気象庁ウェブサイト「地震発生のしくみ」より

地球の表面は、十数枚のプレートと呼ばれる岩盤で覆われています（図７）。その厚さは、大陸のプレートは厚く、海のプレートは薄い傾向がありますが、おおむね１００〜１５０キロメートル程度です。地球の直径がおよそ１万２７００キロメートルですから、我々が生活している大地は、地球全体から見れば卵の殻のように薄いものであることがわかります。図８に地球の内部構造を示します。この図では化学組成によって構成要素を分類していますが、地殻とマントルの最上部を合わせた部分がプレートに相当します。

各プレートは、年間数センチメートルほどの速さで移動していることがわかっています。これはプレート運動と呼ばれま

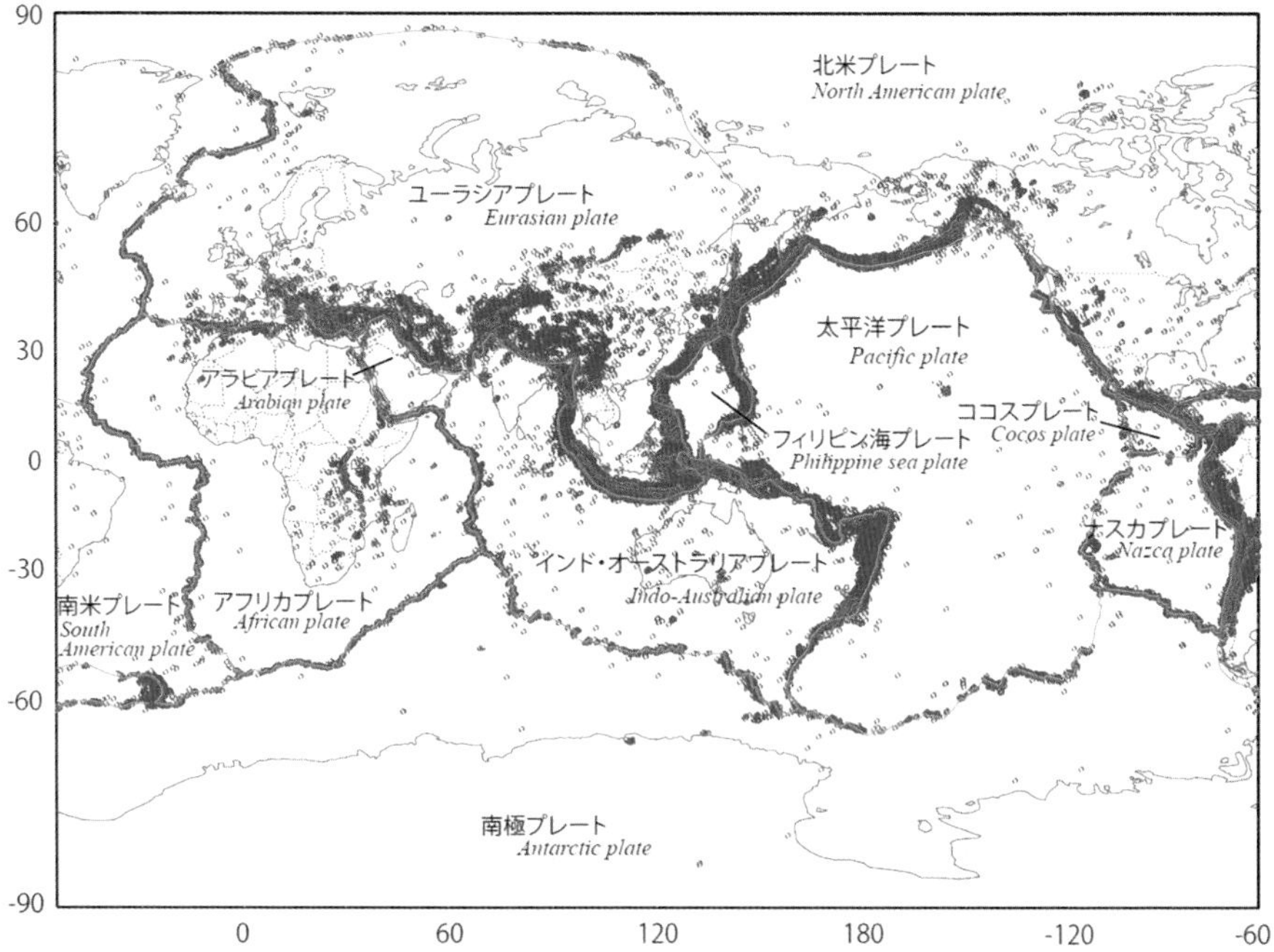

図９　世界で発生している地震の分布　気象庁ウェブサイト「地震発生のしくみ」より

す。プレートどうしが接する境界部分では大規模な地殻変動が生じ、地震や火山が多くなります[3]（図９）。日本列島は、ユーラシアプレート・北米プレート・太平洋プレート・フィリピン海プレートの４枚が収束する位置にあります（図10）。そのため、日本列島の面積は地球全体の陸地面積のわずか４００分の１程度であるにもかかわらず、全世界の地震の約10パーセントが日本列島周辺で発生してい

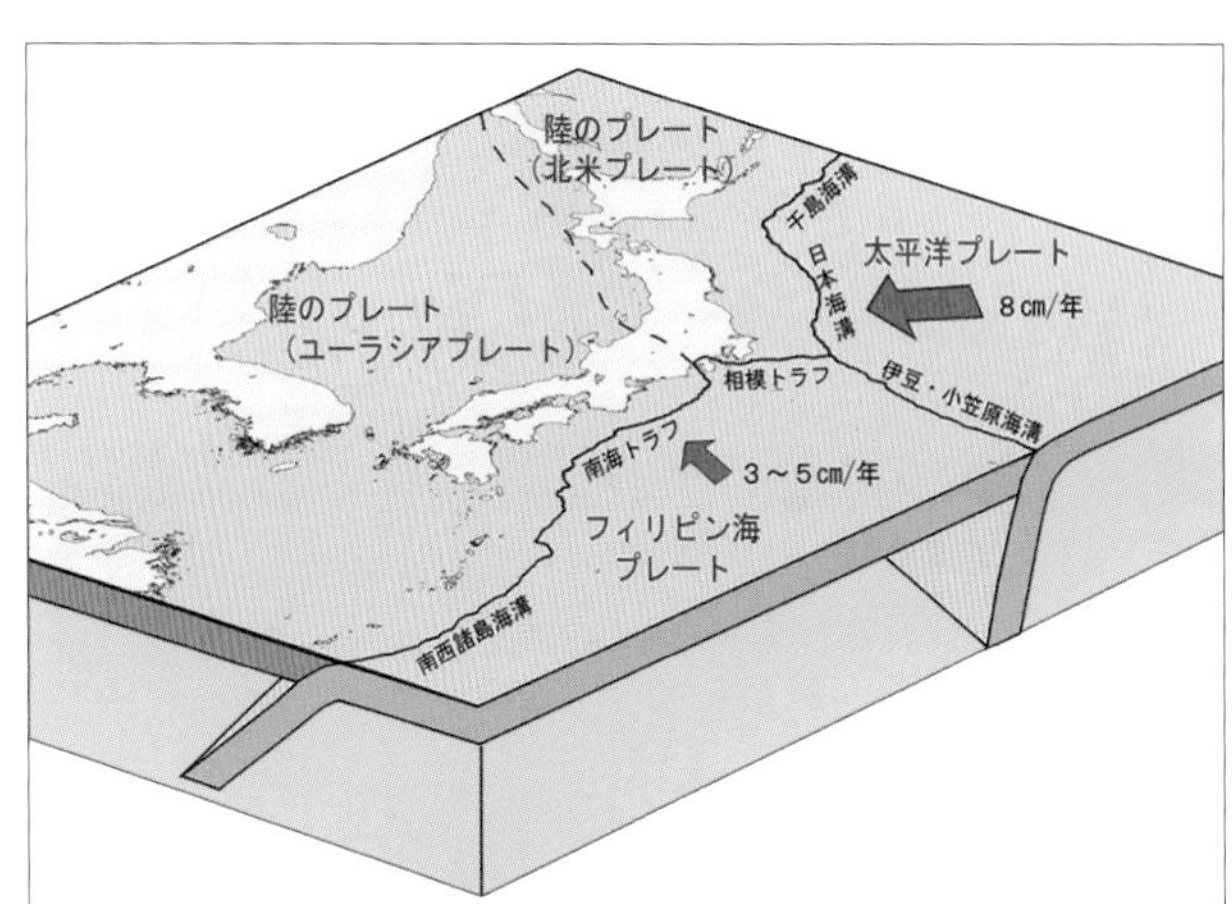

図10　日本列島付近で収束する４枚のプレート
気象庁ウェブサイト「地震発生のしくみ」より

ます（図11）。また、火山についても、全世界の約７パーセントが日本列島に存在しています。

大陸のプレートは厚くて軽く、海洋のプレートは薄くて重い傾向があります。そのため、この両者が衝突するところでは、海洋のプレートが大陸のプレートの下へ沈み込むことになります（図12）。プレートどうしの境界面は通常は固着していますが、プレート運動にともなうひずみの蓄積によって、境界面を滑らせようとする力が次第に強まります。この力に対してプレート境界面の摩擦力では抵抗しきれなくなったとき、境界面が急激にずれ動きます。この現象がプレート境界地震（プレート間地震とも）と呼ばれるものであり、このときの衝撃が地震波の形で地中を伝

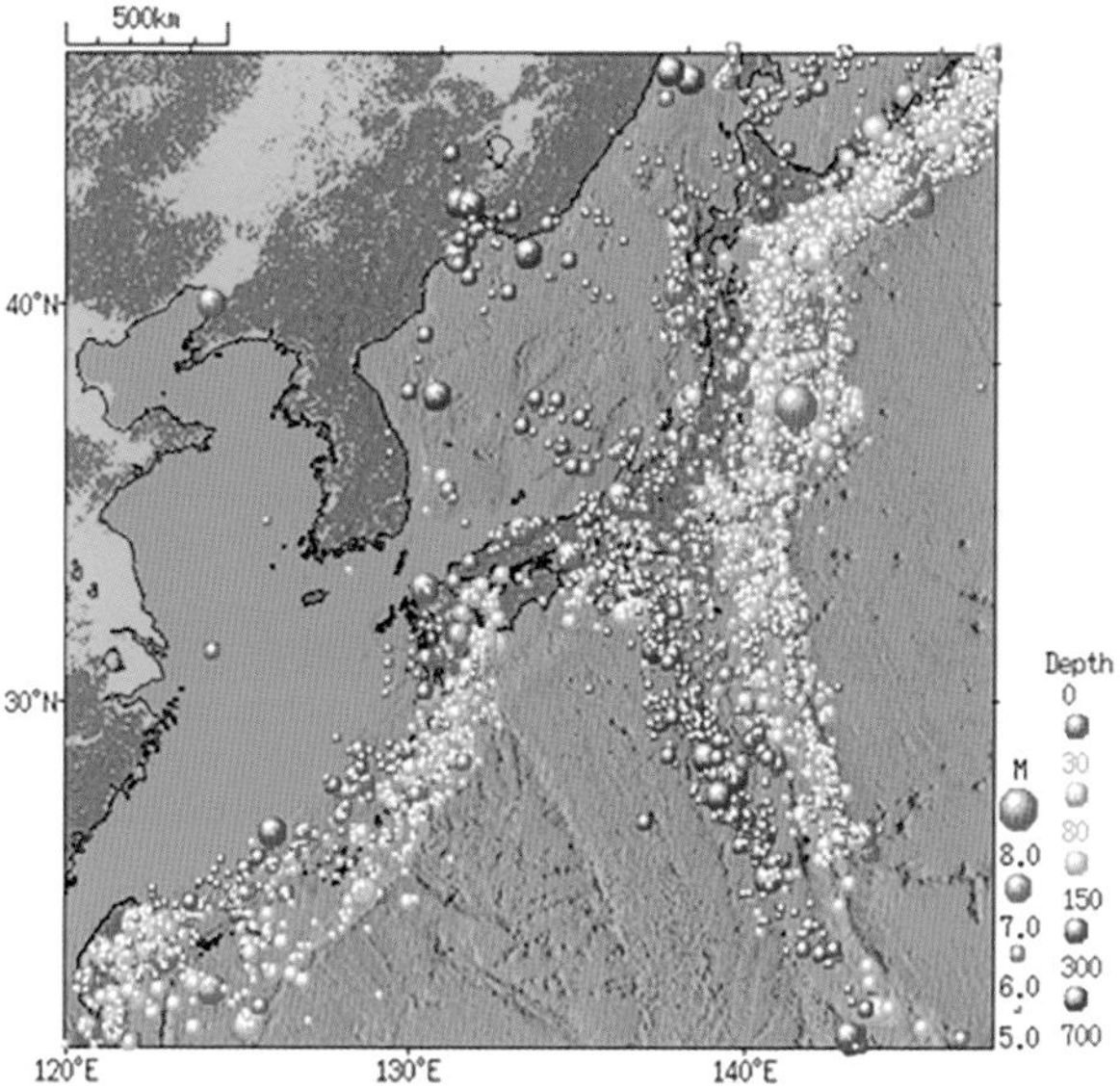

図 11　日本列島付近で発生している地震の分布
気象庁ウェブサイト「地震発生のしくみ」より

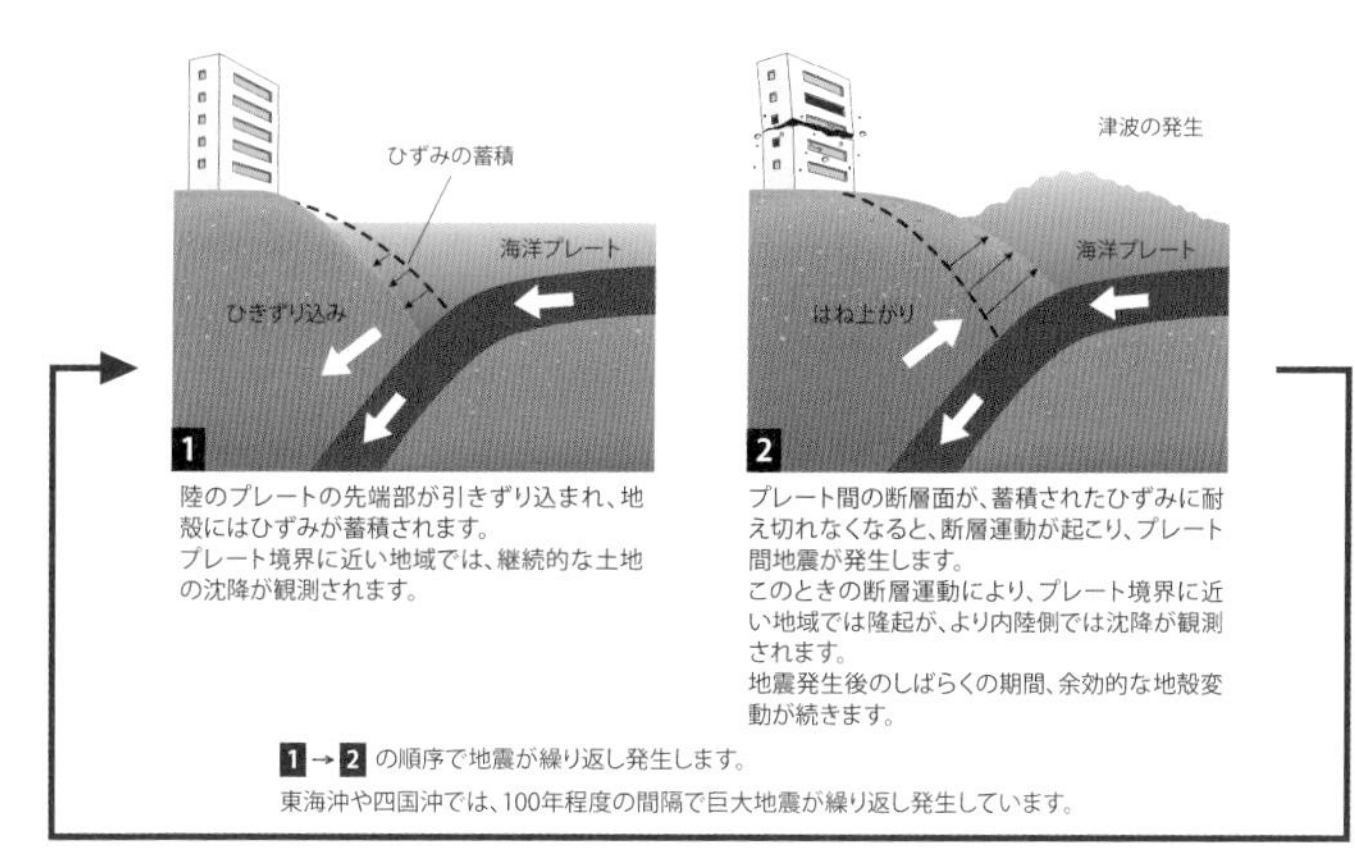

図 12　プレート境界地震のしくみ
地震調査研究推進本部「地震がわかる！」より
https://www.jishin.go.jp/main/pamphlet/wakaru_shiryo2/wakaru_shiryo2.pdf

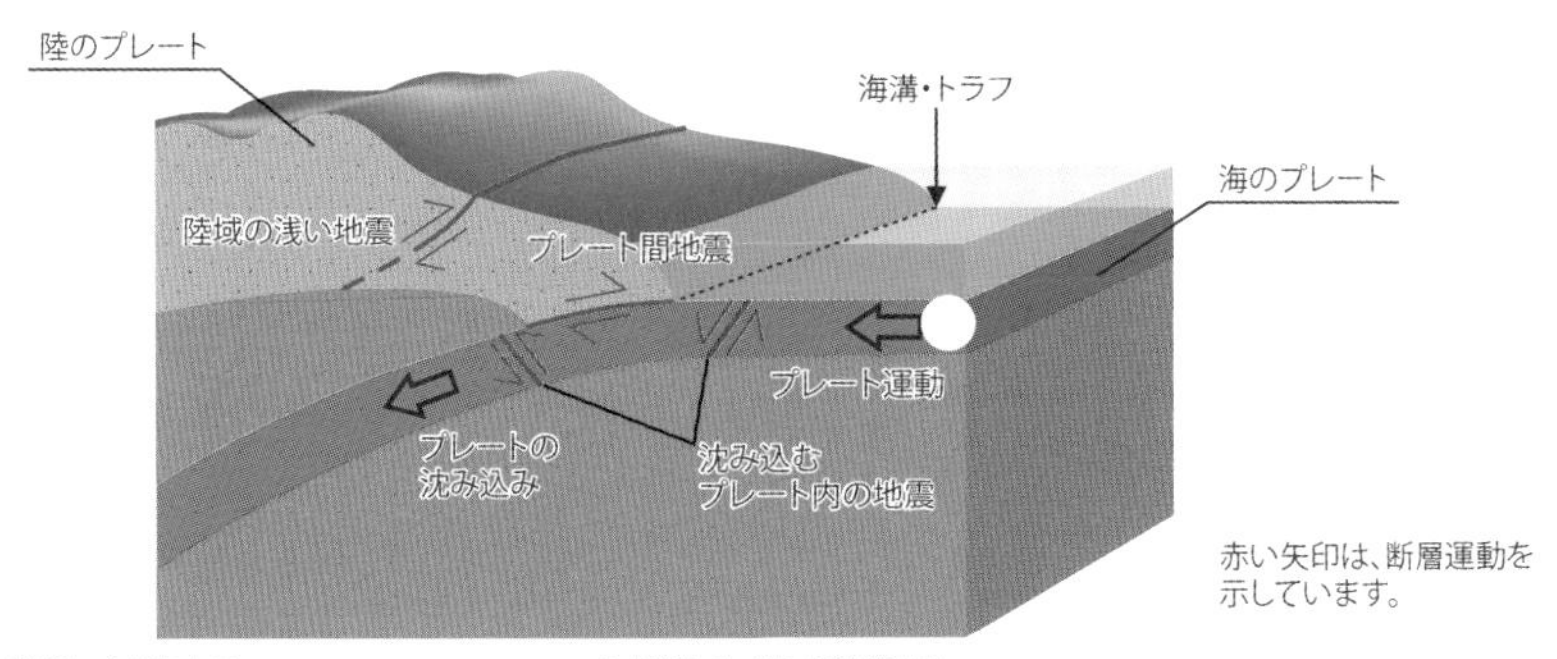

図13　地震の発生様式　地震調査研究推進本部「地震がわかる！」より
https://www.jishin.go.jp/main/pamphlet/wakaru_shiryo2/wakaru_shiryo2.pdf

わって広い範囲で地表面を震動させます[4]。また、同時に海底の地形にも急激な変化が生じ、海水が持ち上げられて広範囲にわたる海面変動が生じます。これが津波であり、海底から海面までの水がすべて流動するため、大きな破壊力を持ちます。

一方、プレート境界面から離れた内陸部においても、プレートどうしが押し合う力の影響により、陸のプレートの内部にある亀裂がときどき滑りを起こします（図13）。これが内陸地震（内陸地殻内地震、直下型地震、陸域の浅い地震とも）と呼ばれるものです。プレート境界地震と比較して規模が小さいため被災範囲は狭い傾向がありますが、我々が住む地面の直下で起こるため、震源付近では甚大な被害を生じることがあります。近年の大きな地震では、平成23年（２０１１）の東日本大震災を引き起こした東北地方太平洋沖地震がプレート境界地震、平成7年（１９９５）の阪神・淡路大震災を引き起こした兵庫県南部地震や平成28年（２０１６）の熊本地震が内陸地震です。

なお、プレート境界地震・陸域の浅い地震のほかに、沈み込むプレート内での地震というものもあります。これは、スラブ内地震と呼ばれることもあります。

図10に示した通り、西南日本の南方沖では、北上してきたフィリピン海プレートがユーラシアプレートの下へ沈み込んでいます。沈み込みが始まる位置では海底面が溝状にくぼんでおり、この地形は南海トラフと呼ばれています。なお、日本列島の東側では、西進してきた太平洋プレートが北米プレートの下へ沈み込んでおり、やはり海底に溝状の地形がみられますが、こちらは日本海溝と呼ばれています。南海トラフでは、これまで幾度となくマグニチュード8クラスまたはそれ以上のプレート境界地震が発生してきました。ただし、震源域（ひずみを解放する領域）は、一度の地震で駿河（するが）湾から四国沖までにわたる場合もあれば、東海域で地震が発生してしばらく後に南海域（四国沖）で地震が発生する場合もあり、メカニズムは複雑です。そのときどきの主要な震源域の分

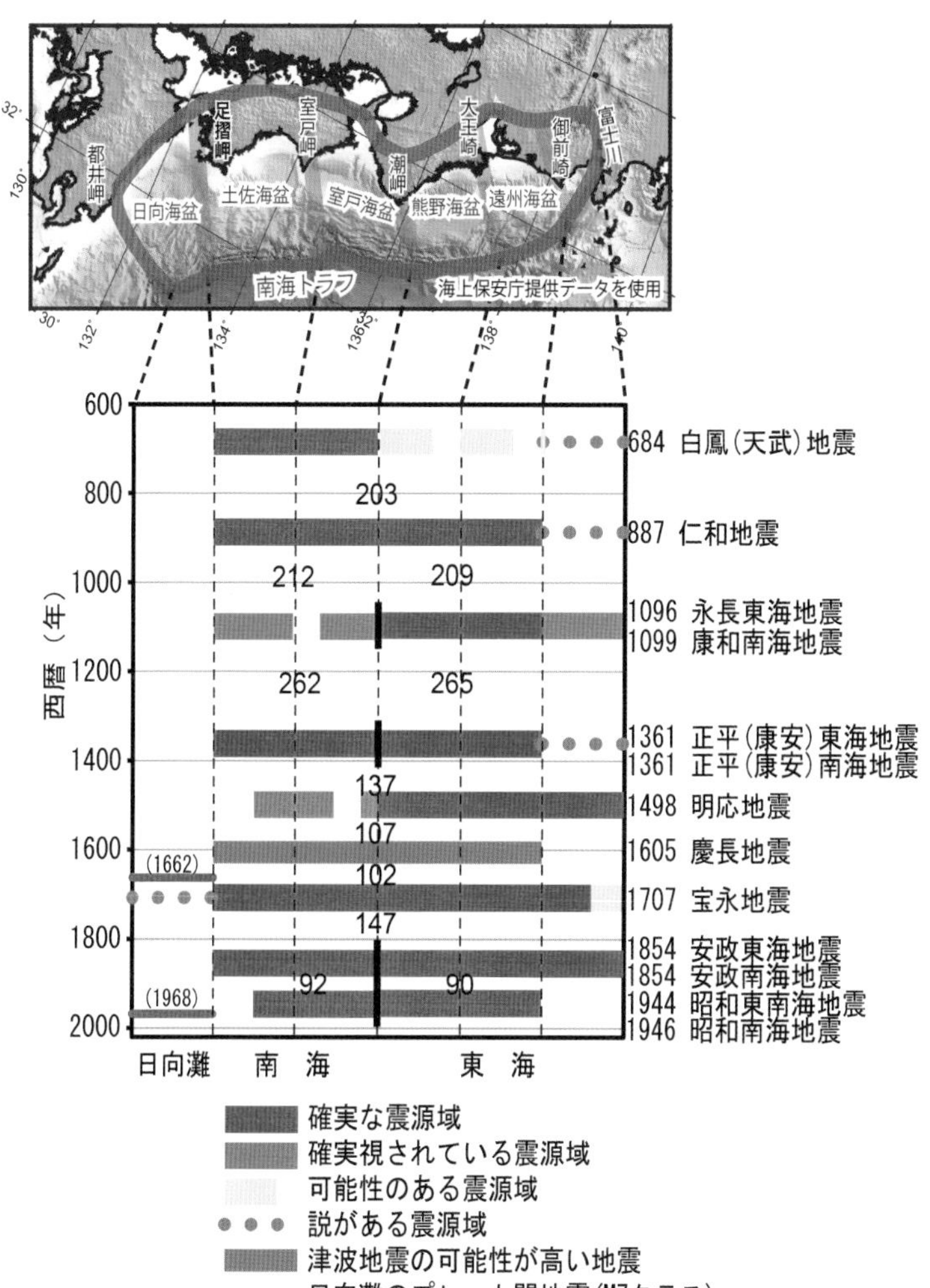

図 14　南海トラフにおける巨大地震の発生履歴
地震調査研究推進本部「地震がわかる！」より
https://www.jishin.go.jp/main/pamphlet/wakaru_shiryo2/wakaru_shiryo2.pdf

布から、東海地震・東南海地震・南海地震などと呼ばれています。

　これまでの歴史地震研究の成果として、図14に示す巨大地震が過去に南海トラフで発生してきたことが知られています。[5] 過去の地震の履歴がこれほどよくわかっている場所は世界に類を見ません。なお、図14中では天武天皇13年（684）の白鳳地震がもっとも古い記録となっていますが、これは文字による記録が残っているものの中では最古であるという意味であって、このときから南海トラフ巨大地震の繰り返しが始まったのだと解釈してはいけません。実際に、掘削調査によって地盤内に津波堆積物が発見されることがあり、中には白鳳地震よりもさらに古い時代の南海トラフ巨大地震によって海から運ばれたと考えられるものがあります。

　南海トラフで発生する地震は、史料の不足による見落としが少ないと考えられる正平地震以降でみると、おおむね90〜150年の周期で繰り返していることがわかります。最後に発生した昭和東南海・南海地震から70年以上が経過しており、次の南海トラフ地震の発生が危惧されています。[6] ひとたび南海トラフ地震が発生すれば、日本の人口や産業の大部分が集積する太平洋ベルト地帯は大打撃を受けるため、現在、国を挙げて対策が進められているところです。（平井）

注

（3）プレート運動の原動力は、マントル対流であることがわかっています。マントルは通常は固体として考えますが、数億年の時間スケールでは地球内部を流動し、液体のようにふるまいます。このような対流が生じるのは、地球の中心部が約6000度の高温であるのに対して地球の表面が低温であるためです。このことから、地震や火山噴火は、地球内部から宇宙空間へ向かう熱エネルギーの移動という壮大なスケールの現象の一部分として発生しているものと理解することができます。

（4）地震学の用語では、プレート境界面や活断層のような地下の岩盤の境界面がずれ動く現象を地震と呼び、地表面が震動する現象は地震動と呼んで区別しています。ただし、この定義は近代的な地震学におけるものであり、一般には地震動のことを地震と呼ぶことが多く、歴史記録においてもこちらの意味で用いられます。なお、地震学用語での地震の規模を表す数値がマグニチュードであり、地震動の強さを表す指標のひとつが震度です。

（5）震源域の広がりについては、研究者によって見解が異なることがあります。また、図14に示したもの以外にも、未発見の南海トラフ地震が存在する可能性があります。

（6）図14では、昭和東南海地震の震源域は駿河湾まで達していなかったことが示されています。そのため、駿河湾域は安政東海地震以来のプレート運動によるひずみが蓄積したままになっており、いつ地震が発生してもおかしくないとされていました。しかし、駿河湾域単独でのプレート境界地震は歴史上知られておらず、昭和東南海・南海地震の規模が過去の南海トラフ地震の中では比較的小さかったこともあり、現在は南海トラフ全域での地震の発生を想定した対策が進められています。

【3】宝永・安政・昭和の南海トラフ地震

直近3回の南海トラフ地震について、あらましを見てみましょう。

宝永4年10月4日（1707年10月28日）の宝永地震は、江戸時代の中期、第5代将軍徳川綱吉の治世に起きた歴史上最大の南海トラフ地震です。震源域は駿河湾から四国沖までの長大な領域にわたり、マグニチュードは8・6程度と推定されています（研究者により多少異なります）。元禄15年（1702）には元禄赤穂事件、同16年には相模トラフを震源とする元禄関東地震が発生しており、これらを機に元禄から宝永へと改元して4年目のことでした。宝永地震については当時幕府の側用人だった柳沢吉保の日記『楽只堂年録』などに詳しく記されており、その被害は駿河（静岡県東部）以西の東海道沿い・紀伊半島・四国・九州東部に至るまで広範囲におよび、さらに山陰や甲斐（山梨県）・信濃（長野県）などでも強い揺れに見舞われた地域があったことがわかっています。さらに、地震の49日後には、追い打ちをかけるように富士山が噴火しました。その様子は、新井白石の随筆『折たく柴の記』によると、江戸市中でも雷のような音が聞こえ、雪のように白い灰が降ったといいます。なお、このときの噴火は富士山の山頂ではなく、南東の中腹にできた火口で起こりました。現在、富士山を南西側から望むと、右側の斜面に小さな突起がみられますが、このあたりに宝永噴火の火口があります。地震と噴火によって江戸以西の各地は甚大な被害を受け、幕府や諸藩の財政は困難を極め、京・大坂を中心に花開いた元禄文化もすたれていきました。

安政元年11月4日・5日（1854年12月23日・24日）の安政東海・南海地震は、幕末の動乱期に発生した双子の地震です。11月4日の朝に紀伊半島沖から東側を震源域とする東海地震が、翌5日の夕方に紀伊半島から四国沖を震源域とする南海地震が発生しました。マグニチュードはどちらも8・4程度と推定されており、両地震と津波による被害は宝永地震と同様に広範囲におよびました。この時期は歴史的な大事件が相次いで起こったことで知られており、主なものだけでも、嘉永6年（1853）のペリーとプチャーチンの来日、安政元年（1854）のペリーの再来日と日米和親条約締結・箱館と下田の開港、同5年の井伊直弼による安政の大獄、同7年の桜田門外の変、そして慶応3年（1867）の大政奉還と枚挙に暇がありません。これらと相前後して多くの地震が発生しており、大きなものでは弘化4年（1847）の善光寺地震、嘉永6年（1

853）の小田原地震、安政元年（1854）の伊賀上野地震と安政東海・南海地震、同2年の飛騨地震・陸前地震・安政江戸地震、同3年の八戸沖地震、同4年の芸予地震、同5年の飛越地震と、こちらも相当な頻度です。特に、幕府の御膝元である江戸を直撃した安政江戸地震は、前年の安政東海・南海地震や倒幕運動といった内憂と、外国からの開国圧力という外患により疲弊していた幕府にとって、決定的な打撃となりました。

なお、平成27年（2015）の国際連合総会において、11月5日が「世界津波の日」に定められました。これは、安政元年11月5日の安政南海地震の際の紀伊国有田郡広村（現在の和歌山県有田郡広川町）でのできごとに由来しています。安政南海地震は夕方に発生したため、海岸部の村人は暗闇でどこへ逃げればよいのかわからず右往左往していました。このとき、庄屋の浜口梧陵は丘の上の稲の束に火をつけて避難の目印とし、村人を津波から救ったといいます。このできごとは小泉八雲（ラフカディオ・ハーン）の著作「A Living God」の中で紹介され、のちに尋常小学校の国語の教科書に「稲むらの火」として掲載されました。震災後、浜口梧陵は私財を投じて広村を守る堤防を築きました。この堤防はのちに昭和南海地震による津波を防ぎ、現在も「広村堤防」と呼ばれて広川町の人々を守り続けています。(7)

昭和19年（1944）12月7日の東南海地震と同21年（1946）12月21日の南海地震は、現状最新の南海トラフ地震です。マグニチュードはそれぞれ7・9と8・0と推定されます。南海トラフ地震の中ではやや小さめの規模の地震でしたが、終戦前後の混乱期に発生したため、影響は甚大でした。特に、昭和19年の東南海地震では、東海地域の多数の軍需工場に被害が発生し、戦争継続力が大きく

図15　安政東海地震にともなう津波により被災したディアナ号　都築充雄氏蔵（減災館寄託）
ロシアの軍艦ディアナ号に乗ってプチャーチンが来日し、伊豆半島の下田にて日露交渉がおこなわれていたさなか、安政東海地震が発生しました。ディアナ号は津波に翻弄されて大破し、修理のために戸田村（現在の静岡県沼津市）へ向かう途中で沈没しました。

図16　広村堤防（国の史跡）

図17　昭和東南海地震による被害
愛知県半田市、総務省ウェブサイトより

そがれることとなりました。このことは軍部の情報統制によって秘匿され、当時の新聞等では東南海地震が大きく取り上げられることはなかったため、「隠された地震」といわれることがあります。なお、この前後には昭和18年（1943）鳥取地震、同20年（1945）三河地震、さらに同23年（1948）福井地震が相次いで発生し、昭和東南海・南海地震も含めて、それぞれ1000人以上が亡くなっています。しかしながら、これらの地震は、総計310万人以上の犠牲者を出した戦争の最中および直後のできごとであったため、多くの国民の記憶に強く焼き付いたわけではなかったようです。やがて日本は戦後復興を果たし、高度経済成長を遂げることとなります。この途上、平成7年（1995）の兵庫県南部地震による阪神・淡路大震災まで、大都市が壊滅するほどの打撃を受ける地震が発生しなかったことは、幸運だったといえるでしょう。

　本項で紹介した宝永・安政・昭和の南海トラフ地震は、いずれも時代の画期に発生しました。南海トラフでの巨大地震発生の前後には内陸の活断層の地震も増加することが知られています。これら地震の相次ぐ発生によって社会全体が疲弊し、結果としてそれまでの体制が終焉を迎え、新しい時代が拓かれていったようにも見えます。次の南海トラフ巨大地震をいかに迎えうつか、それが国の存亡をも左右することになります。平成7年の兵庫県南部地震を皮切りに、最大震度7を観測する内陸の活断層の地震が相次いでおり、日本列島は地震の活動期に入ったといわれています。今後30年以内に南海トラフ地震が発生する確率は70〜80パーセントと試算されており、怠らず備えを進めることが肝要です。（平井）

注

（7）ただし、津波の高さや継続時間は地震の起こり方によって変わります。堤防が将来の南海トラフ地震による津波を防ぎきれるかどうかはわかりませんので、海岸部では地震発生後のすみやかな避難が何よりも大切です。

【4】江戸時代のかわら版～災害かわら版を中心に～

江戸時代の人々は、地震や火災・風水害の情報をどのようにして知ったのでしょうか。情報源のひとつにかわら版がありました。

時代劇で事件が起きると、その後にかわら版売りのシーンがよく登場します。手拭いを頭にのせた威勢の良い男性が、号外のようにかわら版を売っています。しかし実際は少し違った姿だったようです。かわら版は幕府の許可なく販売された、非公式な出版物でした。内容は時代によって変化がありますが、心中・仇討ち・刑死などの事件やゴシップ、人魚捕獲などの珍談奇談、そして本書で取り上げた災害情報など、様々なものがありました。真偽の定かではないもの、お上に睨まれるようなものが多く、実際は顔を隠して街頭で読み売りをし、捕まる前に姿を消す、という売り方をしていたようです。そのため、かわら版売りの姿を描いた図を見ると、深編笠で顔を隠した、2人1組の男性が描かれています。

かわら版で現存するもっとも古いものは、慶長20年（1615）大坂夏の陣の際に発行された「大坂阿部之合戦之図」と「大坂卯年図」だといわれています。

名称の由来は、瓦に文字を彫って印刷したから、もしくは、それを思わせるほどに粗末な木版印刷だったから、などの説がありますが、確証はありません。また、かわら版という呼称が文献で確認できるのは幕末頃からで、それ以前は主に、絵草紙や読売と呼ばれていました。形態は一枚刷りが中心で、複数枚にわたるものもありました。

地震・火災・風水害など、災害関係のかわら版は、江戸後期に増加します。

「信濃国大地震火災水難地方全図」（図18）は、弘化4年（1847）に起きた善光寺地震の被害を伝えるかわら版です。この内陸地震は、7年に1度の善光寺開帳と重なり、地方からの参詣者も多く被害を受けました。また、地震による家屋倒壊に加え、火災が被害を甚大にしました。さらに山崩れも多数発生し、中でも虚空蔵山の崩壊は犀川を堰き止め、天然ダム（河道閉塞）を作りました。天然ダムは20日後に決壊し、大洪水が周辺地域を襲いました。図18は、天然ダム決壊後の様子です。画面中央から左下に向かって、河水が一気に濁流となって襲いかかった様子がわかります。

安政元年（1854）の安政東海・南海地震でも、多くの災害かわら版が発行されました。コラム「かわら版いろいろ」の（1）～（5）もその一部です。災害かわら版は、大きな災害においては速報的に次々と出版されました。情報源は飛脚問屋の全国情報網、他の

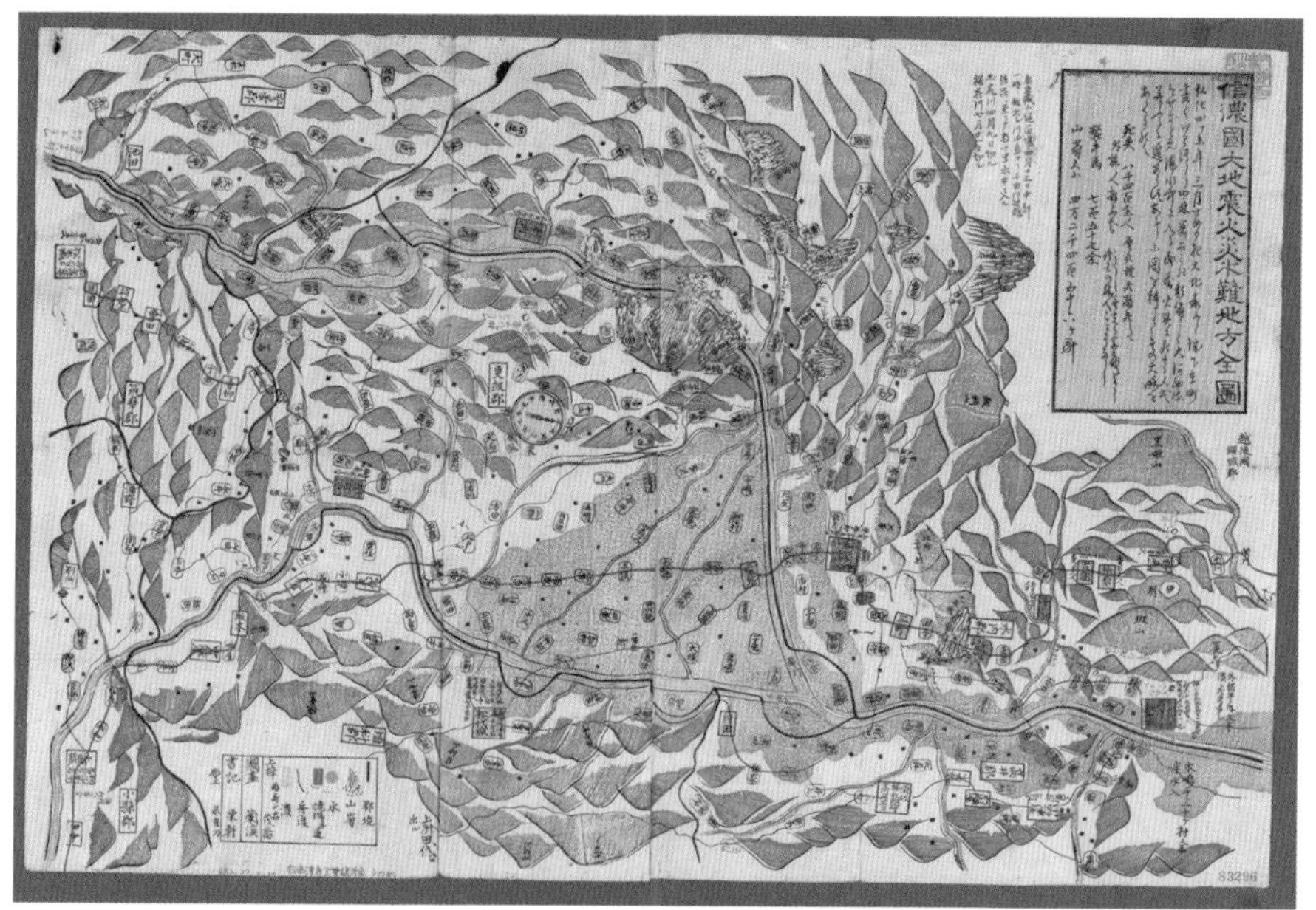

図 18　信濃国大地震火災水難地方全図　防災専門図書館蔵

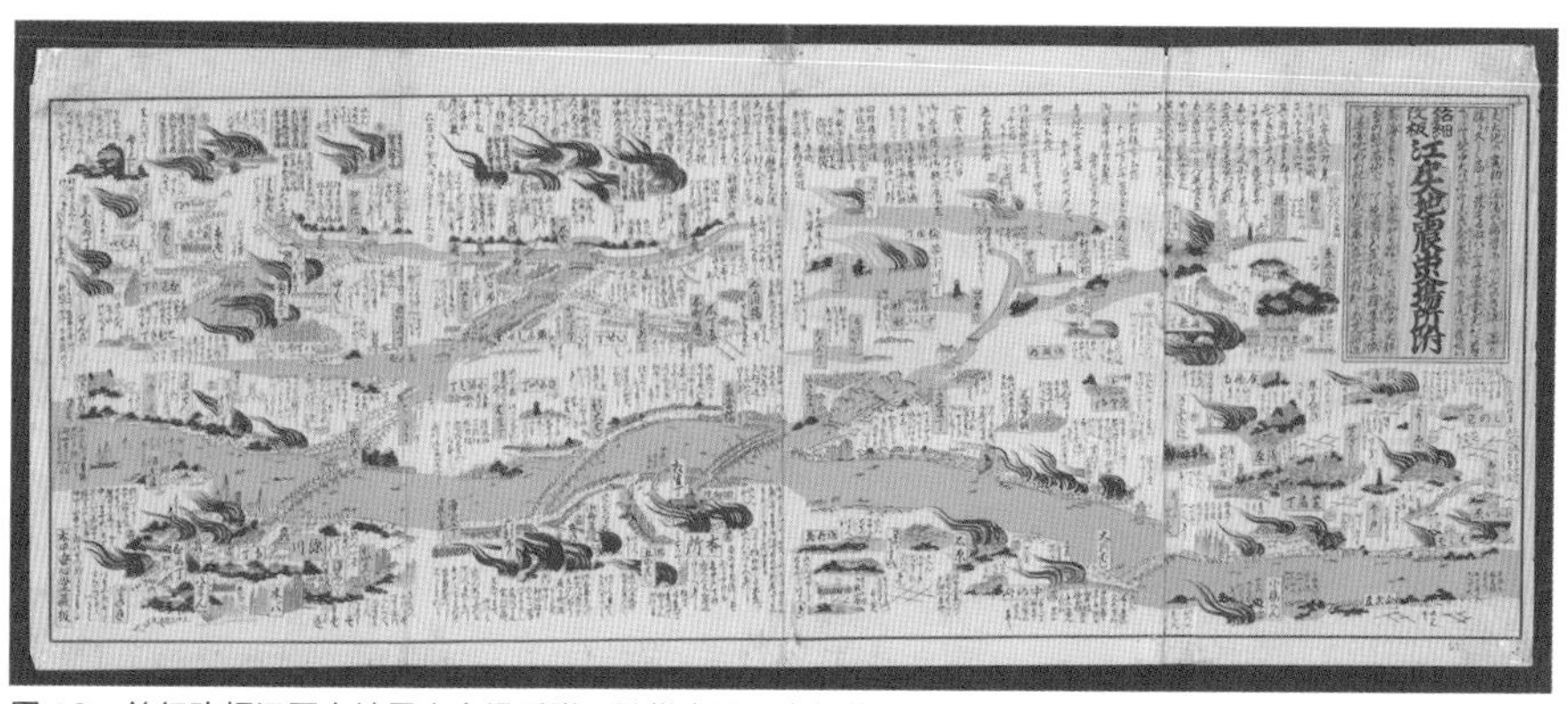

図 19　銘細改板江戸大地震出火場所附　防災専門図書館蔵

出版物からの引用、伝聞などで、真偽の不確かなかわら版も多数ありました。

災害かわら版がもっとも多く発行されたのが、安政2年（1855）の安政江戸地震です。「銘細改板江戸大地震出火場所附」（図19）は、被害を受けた江戸の様子を鳥瞰図で描いています。地名の横には被害状況が簡単な文で記され、火災が起きたところには黒い炎が書き込まれています。どの地域がどのように被害を受けたのか、一目でわかります。たとえば図の左下、鉄砲洲十軒町の火災では、傍らに「松平淡路守様（上屋敷）焼ける」と書き添えられています。

「地震大花場所一覧図」

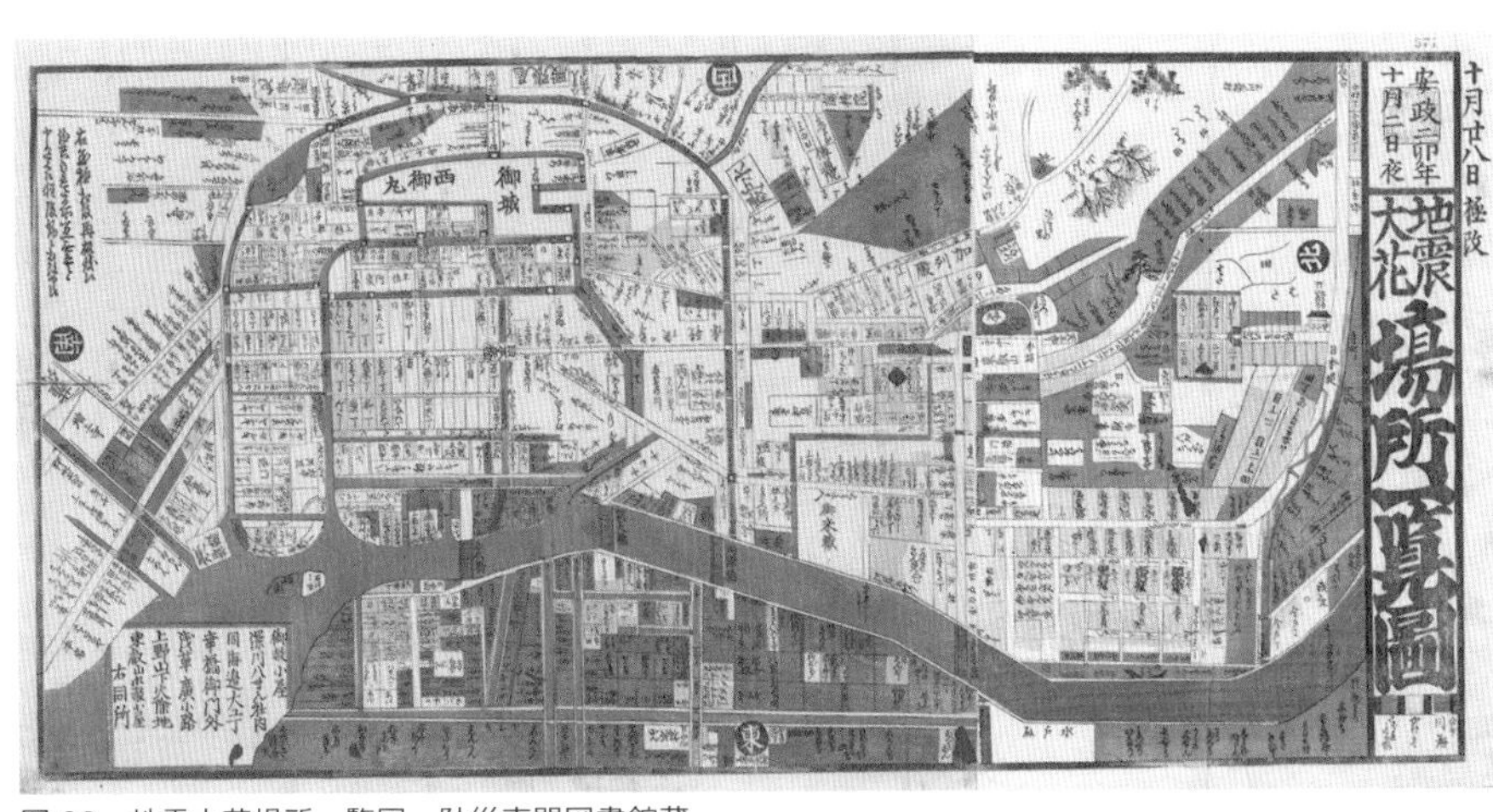

図20　地震大花場所一覧図　防災専門図書館蔵

（図20）は、同じ彩色絵図でも少し異なります。こちらは平面地図上に、火災で延焼した範囲を赤色で塗りつぶしています。

安政江戸地震以前から、江戸や大坂・京などの大都市では、大火の際に焼失エリアを示したかわら版がつくられていました。こうしたかわら版（や情報）は、飛脚によって全国に運ばれました。特に江戸の大火災の情報は、各藩の江戸藩邸の被害状況、再建のための物資の流通・確保など、諸国の武士や商人にとっても重要だったからです。

また、江戸には多くの出稼ぎ者がおり、こうした人々が自分の無事を知らせるために、かわら版を買い求めて郷里へ送る、ということもありました。図19のタイトル横にも「江戸は諸国の人が集っているため、遠国他郡の親類縁者へこの町の存亡を知らせるため述べる」と書かれています。図19は縦38×横94センチメートルという大判サイズですが、手紙に同封しやすい半紙サイズのかわら版も、多数出版されました。

安政江戸地震では、「鯰絵」と呼ばれるかわら版の一種も多数出版されました。本編【34】の通り、当時は地底の大鯰が暴れると地震が起こる、と信じられていました。普段は鹿島大明神と要石が大鯰を押さえていますが、安政江戸地震が起きたのは10月。諸国の神々が出雲国に参集する「神無月」であったため、鹿島大明神が留守の隙に大鯰が動き大地震が起きた、という理解もあったようです(8)。そこで生まれたのが、鯰を使って世相をブラックユーモアたっぷりに皮肉った鯰絵です。

コラム「かわら版いろいろ（6）」で紹介した「あんしん要石」や、「おおつえぶし」（図21）、「しんよし原大なまづゆらひ」（図22）も、鯰絵の一種です。

「おおつえぶし」（図21）は、当時の流行歌・大津絵節を、地震後の世相を風刺する替え歌にしています。図では、大津絵によく描かれる、閻魔・鯰・地蔵が酒を飲み、それぞれ泣き・怒り・笑っています。これは歌舞伎の「三人上戸」の趣向を用いており、立場が異

図21　鯰絵「おおつえぶし」 防災専門図書館蔵

図22　鯰絵「しんよし原大なまづゆらひ」
東京大学総合図書館 石本コレクション

なれば、泣く者・腹を立てる者・笑う者、三者三様の感情が生まれることを表しています。

「しんよし原大なまづゆらひ」（図22）は、地震後の火災で700人もの遊客・遊女が焼死した、新吉原の遊郭を画題にしています。人々は怒りを大鯰・小鯰にぶつけており、人物の横にそれぞれのセリフが書かれています。花魁「せっかくいいひとが来る晩に暴れやがった。憎らしい鯰め」、芸者「おいらの客をどこになくした。出せ、出せ」、町人「こいつ生かしておくものか、金棒でぶち殺せ」。被害を受けた人々は怨嗟の声を上げながら、鯰を殴り、打ち、蹴っています。そんなところに、図の左上から仲裁役が駆け付けてきます。「待ちねえ」、「そんなにぶちなさんな」と口々に言っている彼らは、地震後の建築ラッシュで仕事が繁盛している大工や職人たちです。

地震で亡くなった人、被害を受けた人々が沢山いる一方で、特需で儲かった人々がいる、そんな世相を風刺しているのです。本編【5】にも「何が銭もうけの種になるやら」と書かれていましたね。最後は大鯰の、「花魁に乗られて嬉しいよ。そんなに乗ると、また持ち上げるよ、揺すぶるよ。良いかえ、良いかえ？」という、一見呑気なようで、実に不穏な言葉で締められています。

こうした鯰絵は、他のかわら版と同様に幕府の許可なく、

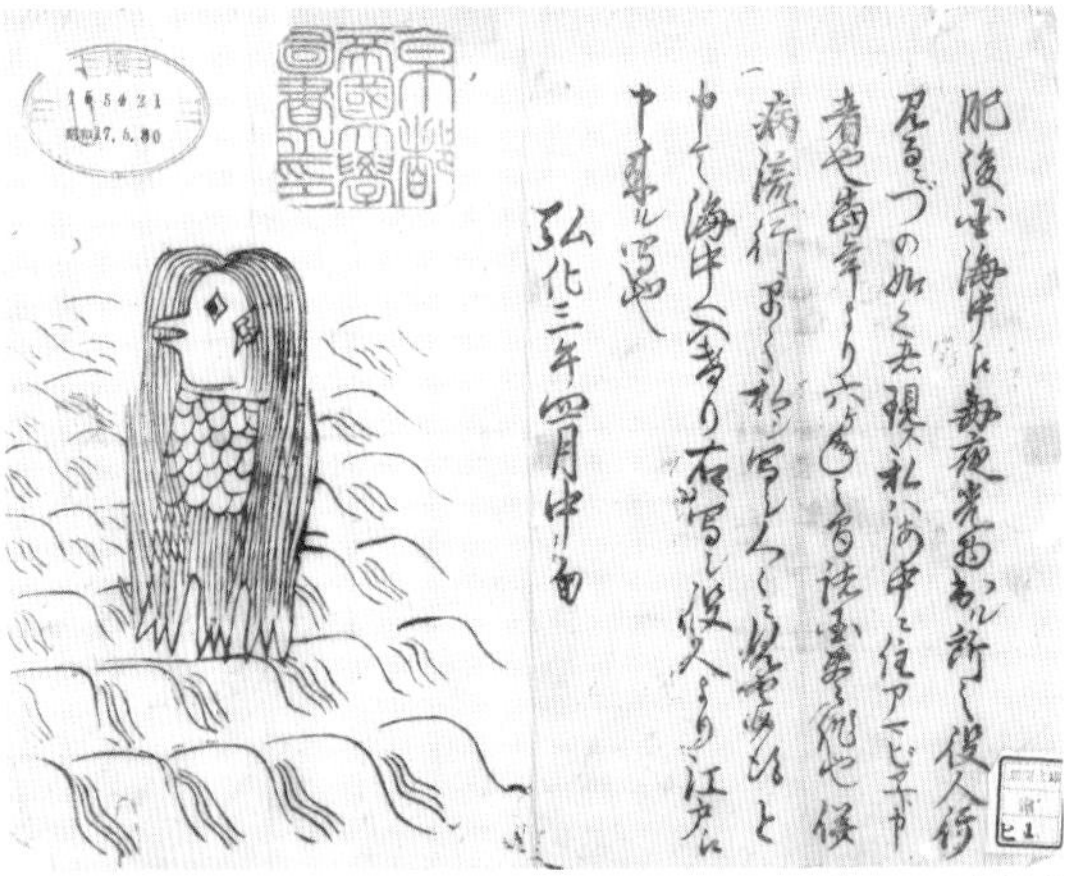

絵師名も版元も明記せず売り出されました。しかし強い風刺が見咎められ、震災から2ヶ月後（12月初旬）、幕府は無許可の出版を理由に、すべての版木を没収、打ち砕いてしまいます。その数、約380種もあったといいます。

令和2年、新型コロナウイルス感染症（COVID-19）の流行と共に、1枚のかわら版が注目を浴びました。厚生労働省作成の、新型コロナウイルス感染症拡大阻止を呼び掛けるアイコンにも使用された、アマビエ（図23）です。これも江戸時代に出されたかわら版の一種です。海中から出現し、豊作や疫病を予言し、その姿を写した絵を持っていると厄災から逃れることができる、という内容が書かれています。

同種のかわら版は他にもあります。まん延防止等重点措置（通称まん防）が施行された際に一部で話題になった、疫病除けマンボウ（図24）などもそのひとつです。

アマビエの出版された弘化から嘉永にかけては、解説【3】に詳しく述べられているように、疫病の流行・黒船の来航・巨大地震の度重なる発生・不安定な政局など、受難の時代が続きました。世情と人心が乱れる中、面白半分、しかし鰯の頭でも信じていたい、人々はそんな気持ちでこれらの図を眺めていたのかもしれません。（末松）

図23　肥後国海中の怪（アマビエの図）　京都大学附属図書館蔵

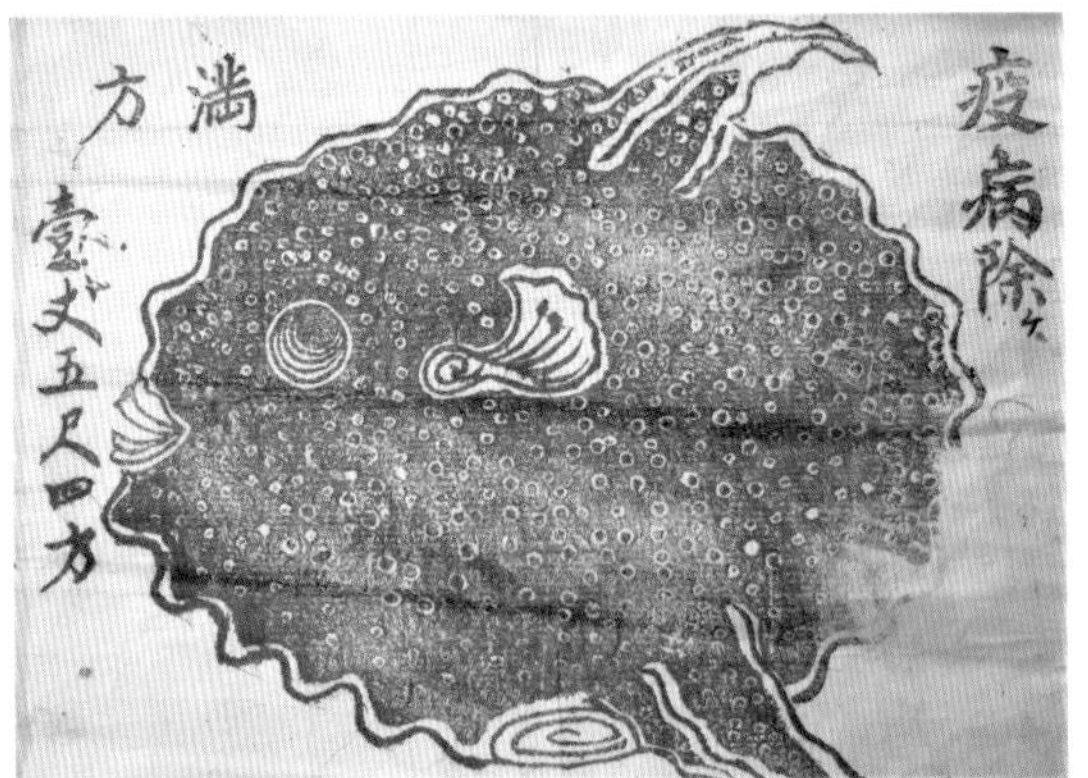

図24　疫病除けマンボウ　和歌山市立博物館蔵

注

（8）ただし、神無月を諸国の神々が出雲国へ出掛けて不在となる「神のいない月」とする解釈は俗説です。「な（無）」は「の」の意であり、梅雨の時期である水無月（旧暦6月）が「水の月」であるのと同様、神無月の語源は「神の月」であるという説が有力と考えられています。

【5】災害かわら版コレクション

かわら版コレクションを保有する館は全国に数多くあります。その中でも、本書で取り上げている「災害かわら版」を多数含むコレクションを紹介します。

①防災専門図書館所蔵 火災・地震関係かわら版

保有点数90点。火災、風水害、地震、安政東海・南海地震、安政江戸地震に分類されています。

防災専門図書館は、防災、災害等に関する資料の収集とその活用・発信を通じて、住民のセーフティネットとして貢献するため、公益社団法人全国市有物件災害共済会により運営されている専門図書館です。防災を専門としているため、災害に特化したかわら版コレクションになっており、同館ウェブサイトの「デジタルアーカイブ」で閲覧できます（図25）。

名古屋大学減災連携研究センター（減災館）では、平成30年に防災専門図書館と連携協力協定を結び、その記念として災害かわら版のデータ提供を受けました。減災館ではこれを原寸大で複製し、閲覧提供しています（図26）。かわら版の活字翻刻も進めており、その活動が本書に繋がりました。本書掲載のかわら版の大部分も、防災専門図書館の所蔵品です。

②東京大学所蔵 小野秀雄コレクション

日本新聞学の基礎を築いた小野秀雄収集の、かわら版・錦絵新聞等のコレクションです。小野の著書『かわら版物語』によれば、彼は新聞史研究の途上でかわら版に巡り合ったといいます。かわら版と同種の一枚刷りはドイツやイギリスにもあり、『ドイツ文化史』等の研究でこれらの一枚刷りが活用されている事例を知り、日本でもかわ

図25　防災専門図書館ウェブサイト「火災・地震関係かわら版」

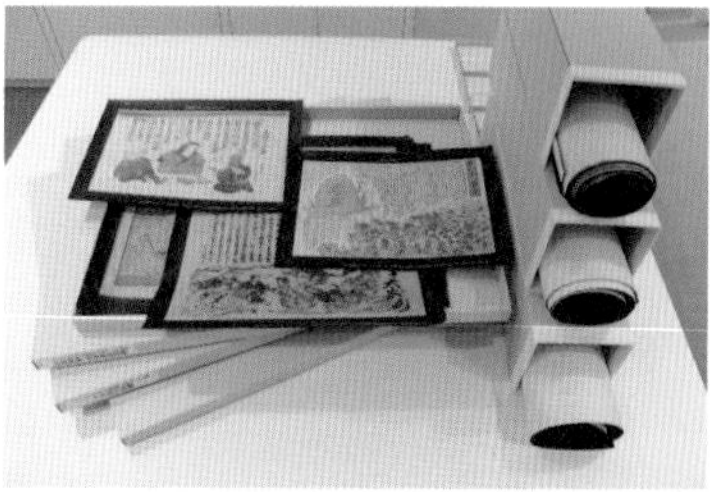

図26　名古屋大学減災館「火災・地震関係かわら版」複製

ら版を収集しておく必要を感じました。しかし、単独での収集は容易ではないため、石本巳四雄（現・東京大学地震研究所）・倉若梅次郎（現・日本消防協会）と協力し、かわら版収集をはじめました。石本は地震関係、倉若は火災関係、小野はその他手当たり次第、という分担でした。しかし、戦時中に倉若の収集品が焼失してしまったため、小野は戦後、災害かわら版の収集も始めました。

「小野秀雄コレクション」は、東京大学大学院情報学環附属社会情報研究資料センターのウェブサイトで、活字翻刻とともに閲覧できます。

③東京大学所蔵
石本コレクション

東京大学地震研究所第2代所長・石本巳四雄の、旧蔵書・かわら版・錦絵等のコレクションです。

このコレクションは、東京大学の図書館に保管されていたため戦災を免れました。現在は同大学地震研究所および、同大学総合図書館に収蔵されており、どちらもウェブサイトで公開されています。

地震研究所の所蔵品は、「東京大学地震研究所図書室所蔵特別資料データベース」から「資料種別」を選び、「鯰絵」や「古文書」を開くと閲覧できます（公開資料には、石本コレクション以外の災害かわら版も含まれています）。

総合図書館の所蔵品は、「東京大学総合図書館所蔵石本コレクション」で公開されています。一部資料には活字翻刻も添えられています。また活字翻刻のない資料に関しては、「みんなで翻刻」というプロジェクトで、活字化が進められています。これは京都大学古地震研究会による、歴史資料をインターネット上で共同翻刻するプロジェクトで、インターネットを介して誰でも歴史資料の翻刻に参加できる画期的な取り組みです。この他にも様々な館が、資料のインターネット公開を進めています。

今回紹介した①〜③の公開画像はいずれも高精細なため、拡大して見ることもできます。災害かわら版には、詳細な図を含むものが多数あります。すごろく「諸国大地震大津波末代噺」もそのひとつで、1マス1マスを拡大してみて、初めてわかったことが多くあります。その他のかわら版も同様で、コラム「かわら版いろいろ（3）」の、両手を上げて逃げ惑う人々の姿は本当に小さく描かれていて、原寸大ではなかなか気付けません。またコラム「かわら版いろいろ（4）」の扇面の内側に描かれた東海道の絵図は、街道の様子だけでなく、地名や次の宿場への距離など、細かい文字も書き込まれています。コラム「かわら版いろいろ（5）」の東海道図は、名所絵風の画面構成に災害情報を載せています。宿場名を頼りに街道をたどってゆくと、津波の打ち込み、火事、土砂崩れ、道路の寸断等々、どの場所にどのような災害があったのか、細かく見てゆくことができます。

興味を持たれた方はぜひいろいろなコレクションを閲覧してみてください。そして、デジタルではわからない部分が出てきたら、所蔵館での閲覧もおすすめします。紙の薄さや質、色合いなど、現物でないとわからないことも沢山あります。（末松）

【6】江戸時代の絵すごろくについて

すごろくには大きく分けてふたつの種類があります。平安貴族の間で流行した「盤すごろく」と、江戸時代以降、庶民に親しまれた「絵すごろく」です。盤すごろくは、2人でそれぞれ黒・白の石15個を使い、サイコロの目に従って相手方の地内(じない)に石を進める遊びです。絵すごろくは、複数人で「振り出し」から「あがり」まで、サイコロの目によってコマを進める遊びです。本書で取り上げている「諸国大地震大津波末代噺(まつだいばなし)」はかわら版の一種ですが、すごろくの体裁をとり、中央に「上(あが)り」とあることから、絵すごろくの仲間とも言えます。

絵すごろくのおこりは、仏法の六道・諸仏を紙面に配して絵解きをした浄土すごろくだといわれており、人々を仏教に導くことを目的として作られました。教育的なものから始まりましたが、次第に娯楽的要素も入ってゆきました。

人気のあった絵すごろくの例としては、東海道五十三次の宿駅や寺社参詣道を題材にしたもの、歌舞伎を題材にしたもの、人生の出世を題材にしたものなどがあります。小さな子どもたちだけで遊べる単純な内容のものもあれば、少し難しい内容のものもありました。絵すごろくは正月の遊びの定番であったため、子どもたちは年長者に意味をたずねたり、絵から想像したりしながら、楽しく知識を増やしていったと思われます。折りたたんで持ち運べることから、旅や参勤交代の土産としても買い求められました。

特徴的な絵すごろくをいくつか見てゆきたいと思います。図27「五十三駅東海道富士見双六(すごろく)」は、道中すごろくのひとつです。江戸日本橋を「振り出し」、京都「あがり」まで、東海道の53の宿場をすごろくで旅します。このすごろくには、実際の旅における豆知識が盛り込まれています。

江戸時代の旅には手形が必要です。「箱根宿 関所手形を忘れ江戸へ帰る」に止まると振り出しへ戻らなくてはいけません。川に橋がなく、増水で何日も足止めを食らう大井川は旅の難所でした。「島田宿 満水にて3日休み」に止まると、3回休みです。東海道唯一の海路、七里(しちり)の渡しも天候に左右されました。天候が悪ければ、脇街道の佐屋(さや)街道を通って陸路を行かなくてはいけません。そのため「宮(みや)宿 宿泊」に止まると1回休み。加えて「七里の海上風悪(あ)しければ佐屋回り」との指示があり、佐屋街道経由(1マス追加)にされてしまいます。

子どもたちは道中すごろくで遊びながら、自然に東海道の宿駅の名前を覚えることができました。

江戸後期に入ると東海道以外にも様々な道中すごろくが

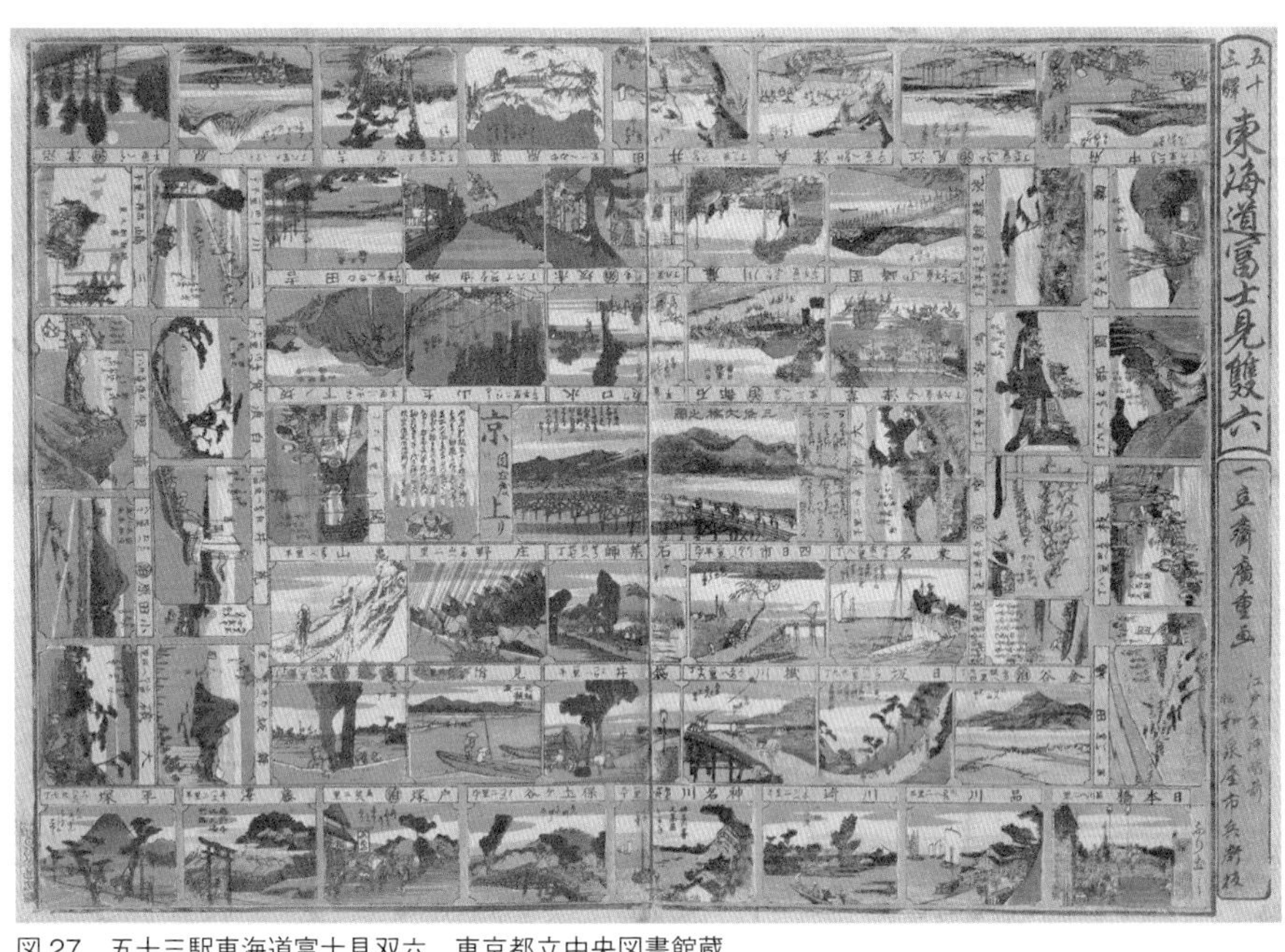

図27　五十三駅東海道富士見双六　東京都立中央図書館蔵

作られます。たとえば、日本橋を「振り出し」て鎌倉・江の島をめぐり、日本橋に戻って「あがり」というものです（鎌倉江嶋大山新板往来双六）。関所手形のいらない近郊をめぐり、最後にちゃんと江戸へ帰ってくるのが特徴です。

こうしたすごろくは、上方でも作られました。日本全国の名所・名物を取り上げた「新板日本名所名物飛廻双六」は、紀州熊野浦を「振り出し」、全国をめぐって摂津住吉大社で「あがり」。関西で「振り出し」、関西に戻って「あがり」です。すごろく「諸国大地震大津波末代噺」も、大坂周辺で「振り出し」各地をまわって大坂で「あがり」ですね。

ほかにも、伊勢や白山など、参詣道をたどる道中すごろくも生まれました。「新板手擲清水参並白山詣双六」は、金沢の西養寺を「振り出し」、白山信仰の聖地・白山比咩神社の「あがり」まで参詣道をたどります。全24マスのうち、いくつかには銭マークが描かれています。「賽銭」、「手拭い代」などと書き添えられており、お金のかかる場所を示しているようです。すごろく「諸国大地震大津波末代噺」の、▲印と似ていますね。

さらにこのすごろくの面白いところは、「加賀藩と霊峰白山」観光連携事業に取り上げられ、今も白山の参詣道を盛り上げている所です。江戸時代そのままの形では、場所や文字などがわかりにくいため、今風の可愛いイラストを用いた「現代版　白山詣双六」（図28）も作られています。このふたつを参考に、すごろくに描かれた場所を巡ると、江戸時代と現在、両方を感じながら観光ができるようになっています。

人気の歌舞伎を取り入れたすごろくも多数作られました。「新版誠忠義士伝双六」（図29）には、忠臣蔵の四十七士がマスに描かれています。彼らはみな討ち入り装束ですが、左下の男性のみ普通の着物です。彼は討ち入り前に切腹してしまう早野勘平で、ここに止まると「一回り除けなり」（一回休み）の指示があります。歌舞伎「仮名手本忠臣蔵」を観たことのない子どもでも、すごろくを通して自然に忠臣蔵の登場人物・物語に親しんでいったと思われます。人気絵師が歌舞伎役者を描いたすごろく風の錦絵もあり、役者絵の趣向のひとつにもなっていたようです。

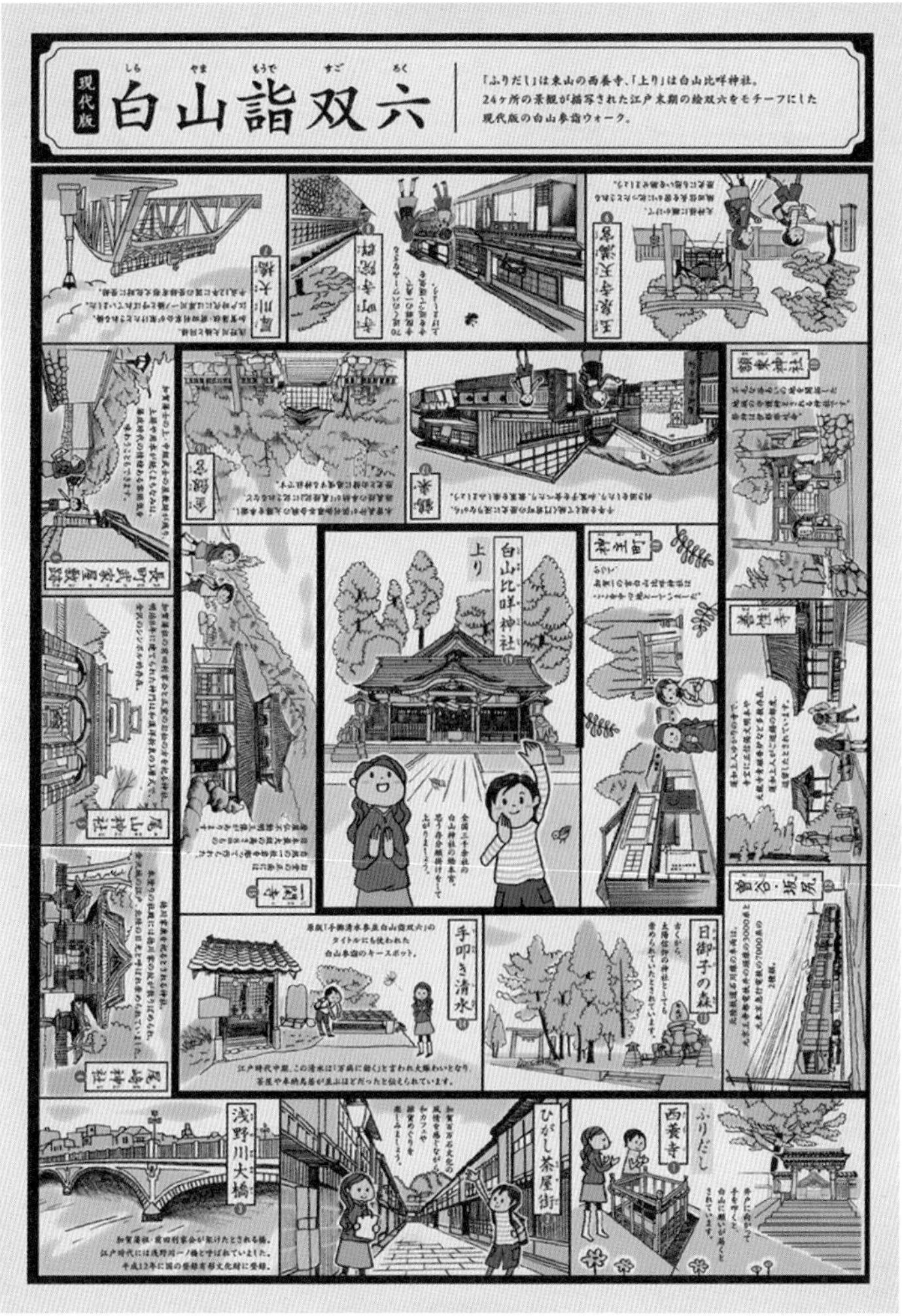

図28　現代版白山詣双六　「加賀藩と霊峰白山」金沢市・白山市観光連携事業

出世すごろくも、人気のあったすごろくです。すごろくの需要層は町人が多かったため、長者や隠居など金銭的な成功、医者や儒者など学問での成功などが「あがり」に描かれていました。また、女子の出世すごろくでは、江戸城大奥での下働きから奥女中へ出世したり、商家での奉公をきっかけに玉の輿に乗ったり、という女性ならではの出世が描かれました。しかし、農家の男子がお殿様になるような、現実の身分制度を飛び越えるようなすごろくは作ら

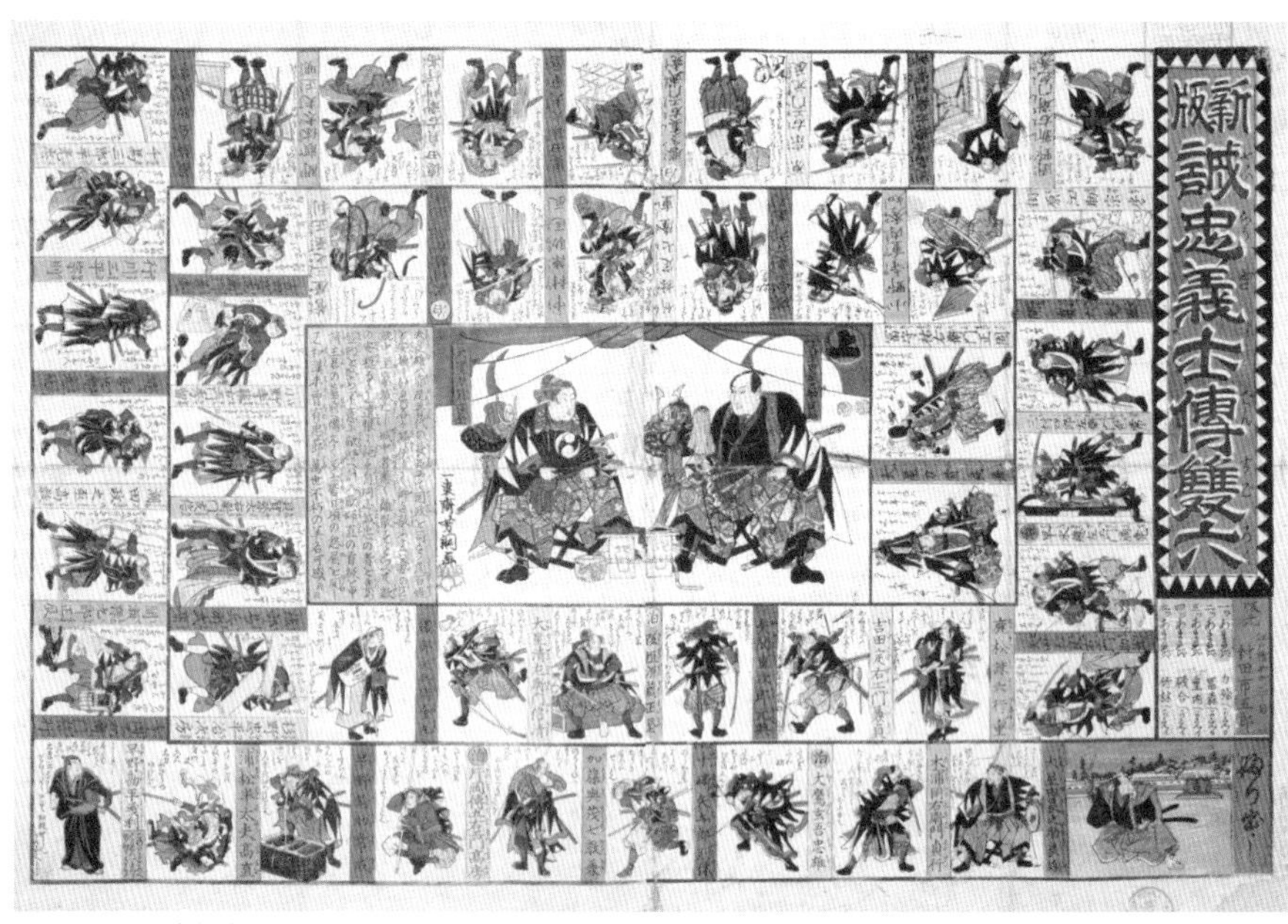

図29　新版誠忠義士伝双六　国立国会図書館デジタルコレクション

れませんでした。

そんな中、江戸時代の若殿様も持っていた出世すごろくがあります。図30「新板子供出世すご六」がそれです。若殿様の名前は徳川慶臧（よしつぐ）。田安（たやす）徳川家第3代当主・徳川斉匡（なりまさ）の子で、数え10歳で尾張（おわり）藩13代藩主となりました。しかし在位わずか4年で病死してしまい、遺体は尾張徳川家の菩提寺・建中寺（名古屋市東区）に葬られました。昭和27年（1952）に戦災復興都市区画整理事業の関係で墓所が発掘された際、副葬品のひとつとして、このすごろくが発見されました。

通常、紙の副葬品は、地下水の染み込みや菌類の影響などを受けるため、残りにくいものです。しかし地下180センチメートルの深さにつくられた石室は、内部が9重の層で堅牢に守られており、紙製の副葬品までもが残っていました。

図30は「飛びすごろく」という、次に進むマスをサイコロの目で指定されるすごろくです。道中すごろくのように順番にマスを進む「廻りすごろく」とは異なり、「3が出たら○○に進む」といった進み方をするため、たった18マスのすごろくながら「人生ゲーム」のように起伏のある展開を生みます。

このすごろくの「あがり」は長者（金持ち）です。男女ともに下働きから始まり、そろばんや針仕事に励み、少しずつ出世をしてゆきます。しかしサイコロの目によって、なまぎき（知ったかぶり）や、飲んだくれなどに進んでしまうと、一気に身を持ち崩します。生活態度を慎まずして立身出世は成り難い、という教訓を、すごろく遊びを通じて学べるようになっています。

徳川美術館（名古屋市東区）では慶臧の墓所から出土したすごろくを、デジタル技術で復元・印刷し、子ども向けの体験学習教材として使っています。子どもたちはすごろく遊びを通じて江戸時代の庶民と、このすごろくで遊んだという若殿様にも興味を抱くのでしょう。慶臧も現代の子どもたちと同様に、すごろく遊びを通じて庶民の生活に興味を抱いたのでしょうか。

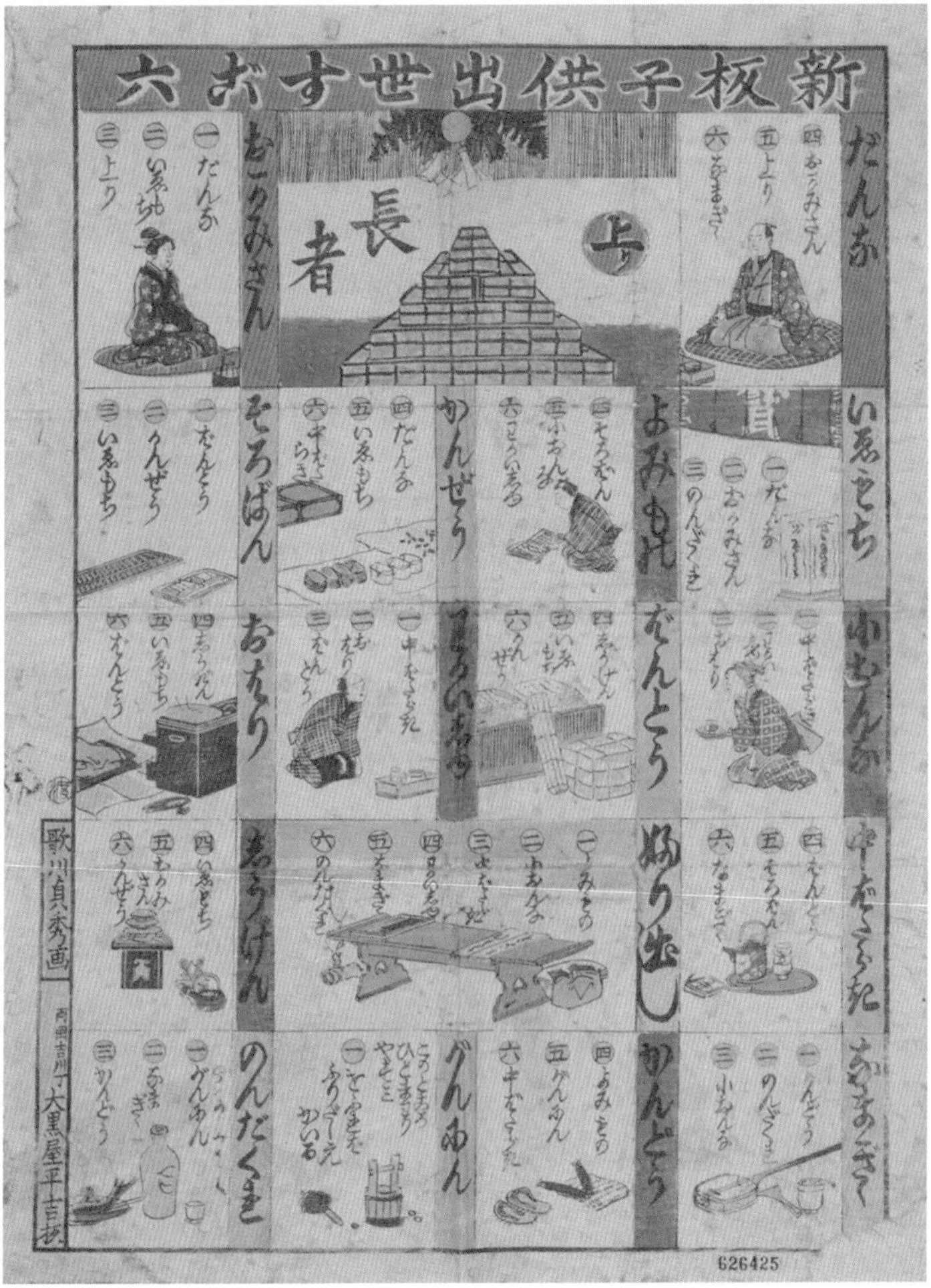

図 30　新板子供出世すご六　国立国会図書館デジタルコレクション

絵すごろくは江戸時代の後も、時代にあわせて様々なものが作られ続けました。昨今では、防災ゲームにも絵すごろくの要素を取り入れたものが登場しています。絵すごろくは、浄土すごろくのはじめから、娯楽の中に教育・教訓のエッセンスが組み込まれていました。それが防災ゲームの、家族で遊びながら防災について学ぶ、という目的と相性が良いのでしょう。

名古屋大学減災連携研究センターでも、夏休みスペシャル減災教室などのイベントで、すごろく「諸国大地震大津波末代噺」で遊びながら、地震について知ってもらう取り組みをおこなっています。

（末松）

参考文献

勝矢幸一郎『米価史』神戸新聞社印刷部　１９１２年
石原保秀『米価変動史』矢来堂出版部　１９１４年
大阪市役所『大阪市史　第２』　１９１４年
山田申吾『米価の研究』岩波書店　１９１７年
本庄栄治郎『徳川幕府の米価調節』弘文堂書房　１９２４年
不破郡教育会『不破郡史　下巻』西濃印刷　１９２７年
大垣市役所『大垣市史　中巻』　１９３０年
東京市下谷区役所『下谷区史』　１９３５年
武者金吉『地鯰居士雑筆』地震第１輯　第11巻　１９３９年
津村久茂『高知県史　上巻』高知県史編纂会　１９５１年
津村久茂『高知県史　下巻』高知県史編纂会　１９５１年
武者金吉『日本地震史料』毎日新聞社　１９５１年
有松町史編纂委員会『有松町史』有松町　１９５６年
高知市史編纂委員会『高知市史　上巻』高知市　１９５８年
魚澄惣五郎編集、西宮市長田島淳太郎発行『西宮市史　第２巻』西宮市役所　１９６０年
小野秀雄『かわら版物語』雄山閣　１９６０年
蒲原町史編纂委員会『蒲原町史』蒲原町　１９６０年
近藤杢・平岡潤『桑名市史　補編』桑名市教育委員会　１９６０年
井原敏郎『歌舞伎年表　第７巻』岩波書店　１９６２年
三田市史編纂委員会『三田市史　下巻』三田市役所　１９６５年
Japan National Committee on Earthquake Engineering "Niigata Earthquake of 1964" Proceedings of the 3rd World Conference on Earthquake Engineering, Volume 3（1965）
徳島県史編さん委員会『徳島県史　第４巻』徳島県　１９６５年
羽島市史編纂委員会『羽島市史　第２巻』羽島市役所　１９６６年

中村克哉・安井広・浜口隆『明治殖産興業の民間先駆者　田中長嶺の研究』風間書房　1967年
掛川市誌編纂委員会『掛川市誌』掛川市　1968年
垂井町史編さん委員会『垂井町史　通史編』岐阜県不破郡垂井町役場　1969年
富士市史編纂委員会『富士市史（上巻）』富士市　1969年
富士宮市史編纂委員会『富士宮市史（上巻）』富士宮市　1971年
青木茂『新修尾道市史（第2巻）』尾道市役所　1972年
斎田茂先『掛川誌稿（全）』名著出版　1972年
富士市史編纂委員会『吉原市史上巻』富士市　1972年
永山卯三郎『倉敷市史（第5冊）』名著出版　1973年
京都市『京都の歴史7　維新の激動』学芸書林　1974年
清水市史編さん委員会『清水市史　第1巻』吉川弘文館　1975年
伊藤和明『地震と火山の災害史』同文書院　1977年
稲垣史生「かわら版のはじまり」『かわら版・新聞　江戸・明治三百事件1』太陽コレクション5　平凡社　1978年
西山松之助『江戸町人の研究　第5巻』吉川弘文館　1978年
平井隆太郎「かわら版の謎をさぐる」『かわら版・新聞　江戸・明治三百事件1』太陽コレクション5　平凡社　1978年
平部嶠南著、野口逸三郎監修・校訂・解題『六鄰荘日誌』青潮社　1978年
浅井了意著、朝倉晴彦校注『東海道名所記1〔全2巻〕』平凡社　1979年
静岡市役所『静岡市史・近世』静岡市役所　1979年
大津市『新修大津市史4　近世後期』大津市役所　1981年
兵庫県史編集専門委員会『兵庫県史　別巻』兵庫県　1982年
神奈川県県民部県史編集室『神奈川県史　通史編3　近世（2）』神奈川県　1983年
袋井市史編纂委員会『袋井市史　通史編』袋井市役所　1983年
広島県『広島県史　近世2　通史4』広島県　1984年
広島県『広島市史　年表　別編1』広島県　1984年
茨城県史編集委員会『茨城県史　原始古代編』茨城県　1985年
名古屋市蓬左文庫『名古屋叢書三編　第10巻　松濤棹筆（抄）下』名古屋市教育委員会　1986年
愛媛県史編さん委員会『愛媛県史　近世下』愛媛県　1987年
尼崎市立地域研究史料館『尼崎市史　第13巻』尼崎市役所　1988年

社団法人日本損害保険協会『災害絵図集　絵で見る災害の歴史』１９８８年
奈良市『奈良市史　通史３』吉川弘文館　１９８８年
愛媛県史編さん委員会『愛媛県史　年表』愛媛県　１９８９年
大阪府史編集専門委員会『大阪府史　第７巻　近世編Ⅲ』大阪府　１９８９年
香川県『香川県史　第４巻　通史編　近世２』四国新聞社　１９８９年
鈴木棠三・小池章太郎『近世庶民生活史料　藤岡屋日記　第６巻』三一書房　１９８９年
新修大阪市史編纂委員会『新修大阪市史　第４巻』大阪市　１９９０年
香川県『香川県史　別編２　年表』四国新聞社　１９９１年
木津町史編さん委員会『木津町史　本文篇』木津町　１９９１年
鳥羽市史編さん室『鳥羽市史　上巻』鳥羽市役所　１９９１年
ヘンリー・スミス著、生活史研究所監訳『広重名所江戸百景』岩波書店　１９９２年
関ケ原町『関ケ原町史　通史編下巻』関ケ原町　１９９３年
日本随筆大成編輯部『日本随筆大成　新装版　第１期４』吉川弘文館　１９９３年
松山市史編集委員会『松山市史　第２巻』松山市役所　１９９３年
名古屋市博物館『企画展　あゆち潟の考古学　弥生・古墳時代の名古屋』名古屋市博物館　１９９４年
宮崎県『宮崎県史　史料編　近世３』宮崎県　１９９４年
宮田登・気谷誠・今田洋三・高田衛・北原糸子『鯰絵―震災と日本文化』里文出版　１９９５年
気象庁監修『震度を知る―基礎知識とその活用―』ぎょうせい　１９９６年
静岡県『静岡県史　別編２　自然災害誌』静岡県　１９９６年
福井県『福井県史　通史編４　近世２』１９９６年
Hiroshi Kawase "The Cause of the Damage Belt in Kobe: "The Basin-Edge Effect," Constructive Interference of the Direct S-Wave with the Basin-Induced Diffracted-Rayleigh Waves" Seismological Research Letters, Volume 67, Number 5 (1996)
静岡県『静岡県史　通史編４　近世２』静岡県　１９９７年
新修名古屋市史編集委員会『新修名古屋市史　第８巻　自然編』名古屋市　１９９７年
静岡県『静岡県史　通史編７　年表』静岡県　１９９８年
豊橋市二川宿本陣資料館『道中双六』１９９８年
渡辺偉夫『日本被害津波総覧　第２版』東京大学出版会　１９９８年
木下直之・吉見俊哉編『ニュースの誕生　かわら版と新聞錦絵の情報世界』東京大学出版会　１９９９年

新修名古屋市史編集委員会『新修名古屋市史　第4巻』名古屋市　1999年
月舘敏栄『雪国における冬の地震の歴史と1994三陸はるか沖地震』日本雪工学会誌　第15巻　第2号　1999年
台東区史編纂専門委員会『台東区史　通史編2』東京都台東区　2000年
宮崎県『宮崎県史　別編　年表』宮崎県　2000年
木下直之・北原糸子編『東京大学社会情報研究所コレクション　幕末明治　ニュース事始め　人は何を知りたがるのか』中日新聞社　2001年
国立歴史民俗博物館監修、北原糸子著『災害ジャーナリズム　むかし編』歴博ブックレット21　財団法人歴史民俗博物館振興会　2001年
財団法人千葉県史料研究財団『千葉県の歴史　通史編　古代2』千葉県　2001年
黒田日出男『増補　姿としぐさの中世史　絵図と絵巻の風景から』平凡社　2002年
高田義久『三田の町制』2002年
中村元・田村芳朗・末木文美士・福永光司・今野達『岩波仏教辞典　第2版』岩波書店　2002年
倉敷市史研究会『新修倉敷市史　第4巻　近世（下）』山陽新聞社　2003年
吉田豊『江戸のマスコミ「かわら版」「寺子屋式」で原文から読んでみる』光文社　2003年
池田正一郎『日本災変通史』新人物往来社　2004年
今井金吾校訂『定本武江年表　下』筑摩書房　2004年
金谷町史編さん委員会『金谷町史　通史編　本編』金谷町役場　2004年
地震調査研究推進本部地震調査委員会『上町断層帯の長期評価について』2004年
山本正勝『絵すごろく　生いたちと魅力』芸艸堂　2004年
金沢市史編さん委員会『金沢市史　通史編2　近世』金沢市　2005年
金竜山浅草寺『浅草寺日記　第25巻』吉川弘文館　2005年
神宮司庁『神宮史年表』戎光祥出版　2005年
大阪ブランド情報局『大阪ブランド資源報告書』2006年
金竜山浅草寺『浅草寺日記　第26巻』吉川弘文館　2006年
徳川美術館『尾張徳川家初代義直襲封四〇〇年記念　尾張の殿様物語』2007年
東京大学附属図書館所蔵資料展示委員会編『かわら版・鯰絵にみる江戸・明治の災害情報　石本コレクションから』東京大学附属図書館　2008年
長尾武「1854年安政南海地震津波、大阪への伝播時間と津波遡上高」歴史地震　第23号　2008年
林董一『歴史群像シリーズ　城と城下町3　名古屋』学研プラス　2008年
渡辺武『歴史群像シリーズ　城と城下町2　大坂大阪』学研プラス　2008年

西尾市岩瀬文庫『西尾市岩瀬文庫企画展「田中長嶺〜知られざる明治殖産興業のパイオニア〜」図録』　２００９年
寒川旭『地震の日本史―大地は何を語るのか』中央公論新社　２０１１年
橋爪伸也『「水都」大阪物語【再生への歴史文化的考察】』藤原書店　２０１１年
藤枝市史編さん委員会『藤枝市史　通史編下　近世・近現代』藤枝市　２０１１年
長尾武『水都大阪を襲った津波　石碑は次の南海地震津波を警告している　２０１２年改訂版』　２０１２年
伊勢市『伊勢市史　第３巻　近世編』伊勢市　２０１３年
北原糸子『読み直す日本史　地震の社会史―安政大地震と民衆』吉川弘文館　２０１３年
宇佐美龍夫・石井寿・今村隆正・武村雅之・松浦律子『日本被害地震総覧５９９―２０１２』東京大学出版会　２０１３年
内藤正人『浮世絵とパトロン　天皇・将軍・大名の愛した名品たち』慶応義塾大学出版会　２０１４年
平井敬・中井春香「小川家文書に記された安政東海・南海地震による名古屋近辺の被害」日本地震学会２０１４年度秋季大会講演予稿集　２０１４年
杉戸信彦・近藤久雄『上町断層帯の最新活動と河内平野の地形環境変化』地学雑誌　第１２４巻　２０１５年
名古屋大学附属図書館・附属図書館研究開発室『古文書にみる地震災害』名古屋大学附属図書館２０１６年春季特別展　２０１６年
平井敬「安政東海地震による道徳前新田（名古屋市）の津波被害」日本地震学会２０１６年度秋季大会講演予稿集　２０１６年
朴炳道「近世災害における『世なおし』の呪文と『泥の海』の終末―１６６２年の京都」東京大学宗教学年報　第33巻　２０１６年
水田敏彦・鏡味洋史「積雪期の被害地震の文献調査」日本建築学会技術報告集　第22巻　第51号　２０１６年
水田敏彦・鏡味洋史「積雪期に発生した１９２７年北丹後地震の雪に関する新聞記事による文献調査」日本建築学会技術報告集　第22巻　第52号　２０１６年
奥野真行・奥野香里「伊勢神宮外宮の被害からみた康安元年の地震」歴史地震　第32号　２０１７年
三重県『三重県史　通史編　近世１』　２０１７年
森田健司『江戸の瓦版　庶民を熱狂させたメディアの正体』洋泉社　２０１７年
石川寛「安政東海・南海地震の被害と尾張藩の救済―史料学的検討を踏まえて―」愛知県史研究　第22号　２０１８年
平井敬「減災連携研究センター古文書勉強会の活動報告　明治殖産興業の先駆者田中長嶺が見た濃尾地震」中部「歴史地震」研究年報第３号　２０１８年
山本博文監修『江戸の絵すごろく　人気絵師による　コマ絵が語る真実』双葉社　２０１８年
桝田静代『絵双六　もうひとつの楽しみ方』京阪奈情報教育出版　２０１８年
入江さやか「平成の地震災害の概要」日本地震工学会誌　第38号　２０１９年
平井敬「かわら版に見る安政東海・南海地震―防災専門図書館所蔵のものを中心に―」日本地震学会２０１９年度秋季大会講演予稿集

２０１９年
福和伸夫・飛田潤・平井敬『耐震工学　教養から基礎・応用へ』講談社　２０１９年
森田健司『奇妙な瓦版の世界　江戸のスクープ大集合』青幻舎　２０１９年
柳沢吉保著、宮川葉子校訂『楽只堂年録　第８』八木書店　２０１９年
国立天文台『理科年表２０２１』丸善出版　２０２０年
松澤暢「東北地方太平洋沖地震に学び、学びすぎない」地震第２輯　第73巻ニュースレター部　公益社団法人日本地震学会　２０２１年
尼崎市立地域研究史料館「尼崎地域地震津波被害の記録」 http://www.archives.city.amagasaki.hyogo.jp/publishing/earthquake/
気象庁ウェブサイト　http://www.jma.go.jp/jma/index.html
国立公文書館デジタルアーカイブ、新井白石『折たく柴の記』 https://www.digital.archives.go.jp/DAS/meta/detail#F1000000000000050438-ddefault-1-leftupd_F1000000000000050438-3-20-a-n1-i
国立国会図書館デジタルコレクション、足立庚吉『水戸黄門仁徳録』 https://dl.ndl.go.jp/info:ndljp/pid/882051
国立国会図書館デジタルコレクション、曲亭馬琴『小夜中山復讐石言遺響』 https://dl.ndl.go.jp/info:ndljp/pid/878811
国立国会図書館デジタルコレクション、欣誉『小夜中山霊鐘記』 https://dl.ndl.go.jp/info:ndljp/pid/907201/1
地震調査研究推進本部ウェブサイト　https://www.jishin.go.jp/
水都大阪コンソーシアムウェブサイト　https://www.suito-osaka.jp/index.php
総務省ウェブサイト「半田市における戦災の状況（愛知県）」 https://www.soumu.go.jp/main_sosiki/daijinkanbou/sensai/situation/state/tokai_10.html
内閣府「防災情報のページ」 http://www.bousai.go.jp/

あとがき

平井敬（名古屋大学減災連携研究センター）

本書では、すごろく「諸国大地震大津波末代噺（まつだいばなし）」を題材として、安政東海・南海地震を中心に、過去の地震災害について適宜教訓をまじえながら解説してきました。締めくくりにあたり、やや逆説的ですが、「過去の災害に学ぶことは重要だが、学びすぎてはいけない」ことを強調しておきたいと思います。

いうまでもなく、過去の災害から教訓をくみ取って備えに生かすことは大切です。しかし、過去の災害について学ぶあまりイメージが固定化してしまい、今後の災害で起こりうる事象に対する想像力が欠如してしまってはいけません。災害の原因となる地震などの自然現象は本来ばらつきの大きいもので、似たような現象が起こることはあってもまったく同じ現象が起こることはありません。また、それを迎えうつ人間社会は絶えず変動しているため、過去に発生したある種の被害は発生しなくなった一方、逆に過去にはなかった新たな種類の被害が発生する可能性があります。すなわち、これから起こる災害は過去の災害と同じではないのです。

加えて、過去の災害に関する現在の知見も完全ではありません。本書では、かわら版だけでは不足している情報や信頼性を補うために、主として各地の自治体史を参照しました。自治体史は発行時点での歴史研究の成果を集成して編纂されているものではありますが、その記述が絶対に正しいとは言い切れません。史料の不足や解釈の問題により事実と異なる結論に到達していることもあれば、今後新たな史料の発見や研究の進展により現在の定説が覆ることもありえます。

最後になりましたが、すごろく「諸国大地震大津波末代噺」をはじめ多数のかわら版を所蔵する防災専門図書館の協力と、名古屋大学減災連携研究センターエネルギー防災（中部電力）寄付研究部門の全面的な支援がなければ、本書は成立しえませんでした。ほかにも、各種の資料を提供してくださった団体・個人の方々、史料の解読にあたり指導をいただきました本書監修の名古屋大学　石川寛先生、解説の末松憲子さんはじめ名古屋大学減災連携研究センター古文書勉強会の方々、そして名古屋大学減災館のイベントですごろく遊びに参加して貴重なご意見をくださったお客様方のおかげで本書を完成させることができました。また、本書編集担当の風媒社　林桂吾さんには、幾度となく本書の改善につながるご意見をいただきました。それぞれ、深く感謝申し上げます。

多くの方々の協力をいただいてでき上がった本書ですが、中には不正確な記述が含まれているかもしれません。その場合は、すべて著者の資料調査および読解能力の不足によるものです。読者諸賢のご叱正を願いたいと思います。

［監修者紹介］

石川 寛（いしかわ ひろし）
昭和46年、石川県生まれ。博士（歴史学）。専門は日本近代史。現在、名古屋大学大学院人文学研究科准教授。編著書に、『古文書・古絵図で読む木曽三川流域』（風媒社 2021年）。

［編著者紹介］

平井 敬（ひらい たかし）
昭和61年、大阪府生まれ。博士（工学）。専門は地震学、地震工学。現在、名古屋大学減災連携研究センター助教。著書に、『耐震工学　教養から基礎・応用へ』（福和伸夫・飛田潤との共著、講談社 2019年）。

末松 憲子（すえまつ のりこ）　＊解説・コラムを担当
昭和53年、愛知県生まれ。修士（人文学）。専門は伝承文学。現在、名古屋大学減災連携研究センター研究員。共著に、『俗化する宗教表象と明治時代　縁起・絵伝・怪異』（堤邦彦・鈴木堅弘監修、三弥井書店 2018年）

＊本書の制作にあたり、文部科学省による「災害の軽減に貢献するための地震火山観測研究計画（第2次）」の支援を受けました。

装幀／三矢千穂

［カバー図版］
・すごろく「諸国大地震大津波末代噺」（防災専門図書館蔵）
　安政東海・南海地震による各地の被害を報じたすごろく形式のかわら版。本書で詳しく解説しています。

すごろくで学(まな)ぶ安政(あんせい)の大地震(だいじしん)

2021年11月30日　第1刷発行　（定価はカバーに表示してあります）

監修者　石川 寛
編著者　平井 敬

発行者　山口 章

発行所　名古屋市中区大須1丁目16番29号
電話 052-218-7808　FAX052-218-7709
http://www.fubaisha.com/
風媒社

乱丁・落丁本はお取り替えいたします。　＊印刷・製本／シナノパブリッシングプレス
ISBN978-4-8331-4293-9